SQ選書
03

今日一日だけ

アル中教師の挑戦

中本新一
NAKAMOTO Shinichi

社会評論社

今日一日だけ——アル中教師の挑戦　＊　目次

プロローグ

変わり果てた日本人

日本人も日本社会も変わり果てました。

この半世紀で同じ国とは思えないほど激変してしまいました。新聞やテレビが毎日、耳目を疑うような事件を報道しています。

川に溺れかけている幼児を目撃した通行人が、なにもせず立ち去ったというのです。また、ある事件では、学校で同級生がいじめられているのを知りながら、中学生たちは先生などに訴えることがなかったということです。先生たちでさえ、知らないふりをしていたようです。危ないことやまがまがしいことが起きているのに、見て見ぬふりをするというのは、今日の日本を覆っている暗雲の一つであり、学校だけでなく、地域や企業でも見え隠れしています。それは要するに、問題に巻きこまれたら、自分が痛い目に遭って損をすると考えているからでしょう。

人と人の結びつきが大切なものだと見なさない空気が醸成され、今日、他者との繋がりがきょくどに希薄になっています。近在の人びとでさえ、その人がどんな家族構成であり、どんな職業に就いているのか、わからないし知ろうともしません。

挨拶を交わしあうことは人間関係の第一歩ですが、現在は若い人を中心にしてこれをせず、人びととの繋がりを自ら断ち切ろうとしているように私には思えます。

経済発展によって日本人は豊かになりました。個人のエゴイズムを刺激して経済が成長してきたのですが、その結果、「自分さえよかったら、それでいい」という自己中心性が跋扈《ばっこ》する世の中になっています。図書館ではボールペンで線を引いたり紙を切り取った本に遭遇します。電車内でも携帯電話をつかって大声で話したり、座席に大きな荷物を置いて平然としている人がいます。

公益性ないし公民性の低下がいちじるしい。子どもの親になった年齢層においてでさえ、個人の利益の上に集団の利益が位置するということが全然わかっていません。そもそも集団に利益が存することさえ知らない人がいます。

欧米では、サッチャーやレーガンが登場したころより、グローバル化に即応するために新自由主義的な改革が行われました。そして公共の福祉や国民の幸福がどうでもいいものとして扱われだし、効率性がひどく重視され、自己責任という概念が生まれたのです。たとえば、貧しさは、自分が本来の義務（仕事に対する勤勉さ）を怠ったことの結果であり、社会に責任を求めることはできないとする考え方が定着したのです。

日本でも似た発想に立つ小泉内閣が、国のかたちを変えようとしたのですが、出現したのは、非正規雇用、格差、シャッター商店街でした。「小さな政府」をめざす小泉さんの時代に日本人の美点、すなわち誠実、努力、親切、勤勉、義理、人情がいっきょに喪われてしまったと私は見ています。

今日、格差が顕著です。デパートでは一個三〇〇万円もする時計がわりあいよく売れるそうですが、昼食も夕食もコンビニで買ってきた弁当ですます人びとが多い。

富裕層は有名校への進学率が高く、安定した職業に就くことが多く、生活習慣病の罹病率が低い。逆に貧しい人びとは底辺校への入学率が高く、不安定な仕事に就くことが多く、罹患率とかは高い。生活にゆとりがない家庭でもペットばかりは大切にしています。ペットのために冷房、暖房をいれてあげ、病気になれば病院で治療を受けさせ、治療費に一万円以上も支払います。あまつさえペットに数千円のエビや牛肉を食わせるということです。飼主はコンビニの弁当ですますことも少なくないのですが…。

日本の社会にはカーストのような世襲的な身分・階層序列ができあがっているように私は思っています。しかし、ほんとうの問題点は、カーストのような世襲序列があること以上に、そのことに対する純粋な疑問、真剣な怒りが湧いてこない社会になっていることではないでしょうか。

五〇年近くまえ、私は学生時代に一年間をついやして世界漫遊旅行をしましたが、インドでも半月ほど滞在しました。不可触民たちが野良犬のような路上生活を送っていたのですが、サリーをまとった、一見して貴族とわかる女性たちは、彼らを石ころのように無視して通りすぎていくのです。それがいま高齢になった私がインドに関して想いだす記憶の一コマですが、現代日本の富める階層も、他者の痛みなど視野に入らなくなり、我がことのみに熱中しています。

今日、学生が完全に小市民主義に陥っています。

いまの学生は入社したい企業を選ぶと生涯賃金や退職金額を計算するといいます。なんという夢のなさでしょうか。なんという願いの少なさでしょうか。そこにあるのは、国に飼いならされ、大学に飼いならされた姿ではないでしょうか。青年期特有の正義はどこへ行ったのでしょうか。

私の学生時代にいわゆる全共闘がうまれ、私自身も全共闘運動に関係しました。「ベトナム反戦」「大学解体」「造反有理」を叫んで、大学執行部を追いつめたり、国家機関と対峙しました。全共闘に結集する学生は、国を憂い、大学の民主化を要求し、アジア民衆の平和を願い、そこには一片の私心さえなかったのです。

小市民主義と私がネーミングする生き方は、学生にとどまらず国民各層にひろく蔓延しています。適当にあそんで、美味いものを食べ、飲み、適当に金を稼ぎ、適当な夢をもって生きていく。そこには一生懸命になって勉強したり泥まみれになって働いている人へのさげすみの念があります。そして、熱いものをもっている人をバカだと嘲笑する雰囲気があります。人と人の繋がりを大切にすることを、「気持ちが悪い」と冷笑する態度があります。

私の人生を決定づけたもの

私は関西地方の脊梁ともいうべき生駒山脈の海抜四〇〇メートルの僻村に生まれました。農家の跡取り息子です。四歳のとき、鼠蹊部のヘルニアになり、手術する十二歳まで脱腸帯を巻く、みじめな小学校生活を送ります。農業の後継者にも学問が要る時代になるだろうと思って大学に入り、疾風怒濤の生活を送りました。

学生時代に小さな学習塾をいとなんでいて、そのことから教育についてて夢をもつようになり、卒業後はまよわず高校に勤めました。

私の学生時代は高度経済成長の最中でしたが、都市のあちこちに赤貧をむきだしにした一画がありました。廃材をつかった穴倉のような掘立小屋が肩を寄せあうように建っているのです。トタン屋根には重石をのせ、窓には落書きのあるベニヤ板を張り、軒下に豚を飼っていたのです。在日韓国人の密集地区でした。

私は教師になってすぐのころの成績会議での驚愕をいまも忘れることができません。年度末、机におびただしい資料が並べられました。それらは明晰にある事実を語っています。同じ高校入試の門をくぐって入学してきたというのに、在日韓国人生徒は、日本人生徒一般よりも、学年が上がるにつれ学習成績が低下していくのです。スタートラインは表面的には同じなのに、学校生活が長くなるほど、不認定単位がふえ、欠席や遅刻がふえ、留年や中退にいたっていることが多いのです。それからというもの、こうした驚きや疑問が基になって在日韓国人に関する本を数多く読み、講演会にも足をはこび、識者にたずね、こころ痛める年余をすごしました。

結局私は、在日生徒の苦境を座視することはできず、彼らのために力を尽くそうと決意したのです。そして韓国文化研究会（部活）の顧問に就き、在日生徒には韓国人としての自覚と民族的な誇りを、日本人生徒には在日韓国人への関心をもってほしいと訴えつづけました。ハングルを覚えたり、韓国の文化・歴史を勉強したり、在日生徒たちをよくするために死にもの狂いの奮闘を重ねます。私は毎日のように飲みましたが、二〇代はまったくいい酒でした。疲れがとれて明日の活力になっていました。飲めば飲むほど、人間関係の輪がひろがっていき、胸襟をひらいて話すことができます。酒は私にとっていいものであり、だから宴席でコップを裏返している人を見たとき、「飲めないやつは情けない」と憐れんでいました。

昭和五八年二月に大阪府岸和田市にあった泉州病院（現在は廃院）というアルコール専門の病院に二〇日余り入院しました。初診で、廣田豊という院長が、問診のあと私のことを「完全なアルコール依存症だ」と診断し、いま、酒をやめていく道と飲みつづけて早死にする道の分岐点に来ているが、どっちを選択するのか。もし、酒をやめて生きていきたいのであれば断酒会に入会することが不可欠だとアドバイスしてくれました。

平成二五年三月、私は断酒歴三〇年間の表彰をうけました。容易に信じてもらえないことですが、大雪のあの朝、泉州病院で末期アルコール依存症の宣告を受けた日から、今日まで酒は一滴も飲まずに生きてきているのです。断酒をつづけるために、断酒会の内外で私はいのちがけで死にもの狂いの努力をしてきました。同年八月、別の式典で公衆衛生事業功労賞を奈良県知事より授与されました。

現代の日本は他人に関心をよせない社会です。さらに格差の大きい社会です。

真面目さや誠実が重んじられない社会にもなっています。

右のように人びとが悪しき方向へ行ったしまった負の事象は、社会改革をしても効果がないでしょう。道州制を導入したり、定年齢を七十歳にしたり、女性の管理職を二倍化したり、十八歳を成人年齢にしたり…と社会を改良しても効果が現われることはないでしょう。人が悪しき方向へ行った状況では、遠回りのように思われるかも知れませんが、生き方を見つめ直して変えていくのがもっとも生産的です。

生き方を考え直していく資料として、読者のみなさんに私の七〇年の歩みを公開したいのです。私はいわゆるアル中です。

飲みたい。飲みたい。ああ、酒を飲みたい。酔いたい。酔い潰れたい、ああ。

朝から晩まで四六時中、年がら年中、飲みたくてしかたがないのです。断酒会に入会しても飲酒欲求の炎が消えるわけではありません。酒を飲まないで過ごす方法があるのか？

毎日のように例会場をまわり、会員・家族とこころの交流を重ね、体験談はこころを込めて聞き、そして自らの飲酒体験は赤裸々に語り切る。酒を飲まないで過ごす方法はこれだけなのですが、私はいのちがけで死にもの狂いになって実践してきました。

一定期間、酒をやめていても一杯飲めば、元の木阿弥、死にむかって真っ逆さまに落ちていくからです。

人はだれでも成功をおさめたいと念願しています。そのためには、どんな方法を採れば、物事は成就できるのでしょうか。私は以下のように三点が必要不可欠だと思います。①感謝と謙虚をこころに充満させ、②強烈な願望を持ち、③死にもの狂いの努力を重ね、闘っていくことです。

私は職場では大学希望の高校生にむかって、合格への道を説諭することがよくありました。志望の大学に首尾よく合格することは難しいことですが、まず、感謝と謙虚をこころに充満させることです。これは人としての基盤になります。それから「何がなんでも合格するぞ」と決意を固めることが絶対に欠かせません。大学合格だけでなく、困難な事業を実現するには、燃えるような願望が要るのです。「できたら大学に入りたい」というようなただの夢では合格することはできないでしょう。アルコール依存症者にしても生き残るには断酒が欠かせないのですが、「できれば酒をやめたい」というような漫然とした願望では目標は実現できないのです。強烈な決意になったとき、物事の成就も八割方進んでいるものです。決意は巨岩のように堅牢かつ大きいのがいいのです。

第三に必要なことは、一心ひたすら努力を継続することです。また、自らの弱さと闘うことも欠かせません。

強烈な願望をもっているし努力もつづけたいと思っている人に、次に必要なことは、決意したことを実現するために、明日のことは思い患わずに「今日一日だけ」に全力を傾注すべきなのです。明日も明後日もめぐってくるかもしれませんが、今日のこの日は、自分にとって絶対に一回かぎりのものです。そういう今日のこの日を努力で埋め尽くすのです。

今日一日だけに生きる

今日一日だけに生きるとは、過ぎさった、いまとなればどうすることもできない過去に拘泥しないし、根も葉もない未来を信じない態度を言います。

人間の長い生涯も今日一日だけの積み重ね、「いま」の連続にほかならないのです。いまの一秒一秒が集積されて一日となり、一日が七日つづいて一週間、そして、一か月、一年となるのです。今日一日を軽く見ないで、目標に添うように懸命に生きれば、明日の輝きがやってくるのです。過去のことに必要以上に拘泥したり、遠い将来のことをあれこれ心配したりしても、あまり意味がありません。今日生きていられることに感謝しつつ、今日一日だけを充実させたほうがいい。

私も「今日一日だけ」と思いさだめてアルコールを断ってきました。それを毎日くり返しました。断酒会に入会してから半年ほど経ったときのことですが、慢性的な酔いから覚めた私は、この世の酒害の大きさを知って愕然となり、「日本の酒害を大幅に減らす方法を明らかにしたい。それを文書化にして社会に提出したい」と決心しました。何がなんでも明らかにするという強烈な願望でした。

勉強を積みかさね、六三歳のおりこの研究に対して博士号をいただきました。出版社にも協力してもらって、その論文を本にしていただけました（『脱「アルコール依存社会」をめざして　日本のアルコール政策への提言』）。拙著では我が国のアルコール関連問題を大幅に減らすには、アルコール基本法を制定してアルコール消費量を削減することが重要だと結論づけています。

実は、私は十六年まえの『酒はやめられる』という本でもアルコール基本法の制定を訴えました。六年まえに出版した本『脱「アルコール依存社会」をめざして』もアルコール基本法に特化したものので、学会やマスコミから高い評価を受けました。

そのあとの『仲間とともに治すアルコール依存症』と『酒の悩みのない社会へ』という二冊の本でもアルコール基本法の制定を力説しました。

また、私は朝日新聞や毎日新聞などの大新聞でもアルコール消費量の削減を内容とする基本法の必要性をくり返し訴えました。学術誌にも基本法の制定を内容とする論文を発表してきました。不遜かもしれませんが、私の孤軍奮闘が少しは好影響したのでしょうか、国会議員たちの連盟もアルコール健康障害対策基本法案を起草し、それが衆参両院を通過して、平成二五年十二月にアルコール健康障害対策基本法が制定されました。

右に述べた通り、一心ひたすらに願うことは必ず実現できます。道元には懐奘《えじょう》という弟子がいて、懐奘は『正法眼蔵随聞記』という師の法語を筆録したものを世に出し、「切に思ふことは必ず遂ぐるなり」という道元の言葉を今日に伝えています。道元も切に願うことは必ず実現できると考えていたのです。

私は学校では在日生徒をずっと支援して来ましたし、いまも断酒会の一員として新入会者が断酒してくれるように援助しています。せっかくこの世に生を享けたのだから、自分ひとりだけの繁栄を志向するのではなく、社会的弱者、めぐまれない人びとの存在を視野に入れた人生を送りたいものです。

常にめぐまれない人びとを念頭に仕事に、あるいはライフワークに精進していくことが自らの人格をみがくことになるのです。悪くてずるくて抜け目のないやつが栄えるとする社会風潮ですが、私はやはり役場の吏員のようにマジメで少年のように熱いものをもっていて、こつこつと努力していく、勤勉で篤実な人が幸福になると信じています。

私は断酒会がなければ疾《と》うに死んでいたでしょう。長いこと、断酒会に所属しつづけて、いつとはなしに宗教的な考えをするようになりました。かつて数年断酒したある日、「酒がやめられている。死ぬべきはずの自分が生きている」と心底不思議な気がしました。

私がアルコールの海に漂流していたころは、アルコール専門の病院や自助グループに遭遇することはとても希有なことでした。当時、アルコール依存症を病む者は非常に多かったのですが、救済されたのは九牛の一毛という有様でした。ほとんどの人びとは死に絶えたでしょう。私は、自分が生きているという事実に他者の意思を感じざるをえないのです。十年ほどやめたとき、自分の生は、数かぎりない人びとの祈りや期待や痛みや悲しみや憂いや温もりと繋がって創られていると思うようになりました。

例会で体験談を聴いたり、体験を話したりした感動的な夜の帰り道で、人間についてフッと日常とは異なった想念にとりつかれることがあります。胴まわりの直径が十キロメートルも二十キロメートルもある、個人性が消えた、無数の人びとを束ねた巨大な人間を想いうかべるのです。数万人、数十万人、数百万人が繋がっているというわけです。私のいのちは、いまのいま、平安朝の都人や室町期の農夫とも繋がっているし、アジアやヨーロッパの市民のいのちとも結ばれている、という実感がありますし、野辺のタンポポや田圃のオタマジャクシとも連なっていると感じています。私はいまでは神や仏が存在すると信じています。神や仏の加護なしに酒をやめて生きてこられるわけがないでしょう。よく言われることですが、人の肉体が滅んでも霊魂は不滅だということも信じています。

人生の目的は幸福になることにありますが、今日の日本人はあまり幸せでないように私は思います。人間は他のものと自分を比較する動物なのですが、今日の日本人があまり幸せでないのは、想いだし、いまを幸福と判じる材料としての、過去の絶望的な苦境がないからでしょう。どん底をいつも想いうかべ、それと比べたら、いまは幸せだと感じることが少なくなっているのだと思います。私は、断酒会で修練を積んだ結果、私の酒害に満ちた、苦しい、恥多い半生をいつでもどこでもパッと想いだし、現在の自分の幸福を確認する習癖が身についています。『老子』（第33章）は、「足ることを知る者は富む」と書いている。足ることを知って満足できる者はいつも豊かなのです。また、『荘子』は、「身体の不自由な者のみが幸福な人生を送りうる」と述べています。

第一章　我がこころ石にあらず

祖父の負けじ魂

私は海抜四〇〇メートルの山村に生まれ、育ち、いまも住んでいます。峠に立てば、晴れた日の早朝や夕刻には油を浮かべたような大阪湾をゆく船影や淡路島、さらに薄青色にかすんだ四国の一角も望むことができます。

日本は昭和二〇年八月に戦争に敗けましたが、私の出生はその二か月ほどまえでした。粉糠雨《こぬかあめ》の降りつづける朝、疎開にきていた父の姉が、谷の田で苗代仕舞いをしていた父に急報しました。

「兵隊さんが生まれた！　兵隊さんやで」

「男の子か！」

私の父は独楽《こま》ねずみのような勤勉この上もない農民で、米や花卉の栽培に情熱を燃やします。母も野良仕事に精を出し、夜は読書を愉しむ女性です。

父と母に愛育されて私はすくすく育っていきます。村会議員をしている祖父は、

「まあ、見てなはれ。日本は世界一の金持ち国になりますわ」

戦争に敗けて消沈している村びとに祖父は夢のような励ましのことばをかけるのです。

祖父は幼いころ小児マヒに罹患し、右足がほとんど発育せず、跛になってしまいました。上体を傾けつつ片足をコンパスのように大仰に回しまわし歩かねばならなくなったのです。歩むスピードも健常者の五分の一、いやいや一〇分の一ぐらいです。村人のなかにはあからさまに跛を冷笑する

者もいたでしょう。祖父は後年その長い生涯を通して、数々の成果をあげ、人格的にも磨きがかかり、村人たちに高く評価されるのですが、自らの人生へのモチベーションは、跛であることを嘲笑う者どもへの、「なにくそ！　負けてたまるか！　いまに見返してやるわい！」という発奮だったようです。不格好な跛であることを片時もわすれず生のバネしていたのでしょう。

村にはいわゆる若衆宿があり、そこで祖父はひとりの可憐な娘と恋仲になりました。それが私の祖母で、人の気持ちを汲むことがたいへん上手で、義理に篤い女性です。丸髷を結い、長いキセルでタバコを嗜む一面もあります。

私は大人になってから昭和二〇年代を思い返すようになりました。しゃにむに復興と繁栄にむかって汗を流した、誇るべき時代だったのです。人びとは口を糊するために、半端な仕事にでも精魂を傾けていたのですが、みんなとともに励ましあい、力になりあって一緒に汗をかいていたのです。みんなで総力を結集していくというやり方には、戦時体制の残滓の一面もあります。戦争中の「勝つまでは欲しがりません」や「月月火水木金金」などの標語が、困窮をきわめた戦後にも生き残り、人びとを鼓舞していたからです。戦時下に取りくんだ防火のためのバケツリレーも青空の下での竹やり突撃も平和な戦後人のメンタルな支えになっていたのでしょう。

村びとの場合、高度経済成長政策が僻遠の地にまで波及してくる昭和四〇年前後までは、家禽《かきん》のエサのようなものを食らっていたのです。ご飯は麦飯で、沢庵、イモ、豆を多く食し、魚類はときどきアジ、イワシ、サバ、サンマなど廉価なものが食卓に並ぶのですが、牛肉はめったに口にすることができませんでした。

我が家でも昼は力仕事があるので炊きたての熱い麦飯なのですが、昔日、「大和の茶がゆ」がひろく人口に膾炙していた通り、夜は舌が火傷しそうな熱いおかいさんに冷えた麦飯をかけて食べるものと決まっていました。後期印象派のゴッホに影と線を使って、ランプの明かりの下、みすぼらしい服を着た男女が黙々とジャガイモを食べる作品がありますが、私はいつもこの絵を見ると戦後すぐのころの食卓を連想するのです。

四歳になってすぐのころ、私は鼠蹊部のヘルニアになりました。私には脱腸の意味がわからず薄らぼんやりしていたのですが、父母や祖父母は、男子の外性器たる陰嚢が異常という事態にすっかり仰天したようです。家族は裸電球が照らすなか、私の下半身を剝いて、睾丸を触りながらただちに意見をぶつけあいました。長姉がたやすい手術だと言ったのですが、祖母と母が噛みつくように「いやや！　手術みたいな怖いがな！」と反論しました。まだまだ手術に対する禁忌が強い時代だったのです。

父が八方手を尽くして、大阪にヘルニア科があるということを耳にはさんで帰ってきました。そのヘルニア科には子どもが大勢きていましたが、帯の新調品をこしらえるために看護婦が私の腰幅を測ったりしてくれました。

やがて新品がとどき、紙箱をあけました。脱腸帯は、ステンレスと黒革でできていて、重量感がありました。いよいよ試着となりました。祖母が寝転がっている私のズボンとパンツをさげて、褌《ふんどし》のようなT字型の木綿を巻きます。木綿はどうも睾丸を引きあげておく役目をもっているようです。木綿の上に脱腸帯を装着すると、腰が重くなりました。帯自体は黒革とステンレスでできているだけに、なにか岩石にはさまったような窮屈さがあります。

ベルトの結び目をあわせ、杓文字のような金属の柄が脱腸のでた片方の睾丸を抑えこみますが、要するに原始的な器具であり、睾丸を押しあげる働きがあるだけです。幼いながら、「こんなもので治るのか」と私は思いました。

祖父は古切れや呉服の商いをやめ、村会議員を勤めながら、不動産や株式への投資でまとまった金を掴みます。家にはいつも来客があります。世話焼きの祖父が恵まれない人びとに支援の手をさしのべ、そのお礼に来る人だったりしました。

祖父には喫煙の習慣がないのですが、対座しているとき相方がタバコを吸う人であれば、祖父は小物入れから喫煙具を取りだし、キセルにきざみタバコを詰め、一緒に吸います。しかし、胸腔に煙を吸い入れるというよりは、キセル口を吐くという感じで、私は幾度もキセルの先から火があがっているのを目撃しています。また、祖父はまったく下戸なのですが、酒席では銚子にぬるま湯を詰めておいて、

「ああ、儂はこれでいただくよ」と独酌し、しばらくするといっぱしの酒飲みのようになり、ころなしか呂律のまわらぬ口調でしゃべるのです。

祖父にはふたつの夢があります。ひとつは在所の山頂付近から大阪に抜ける道路をつけることです。生駒山脈は南北に走る山塊であり、山脈の北端にも南端にも大阪にむかう道路がちゃんとありますが、山頂付近から大阪側に抜ける道路がないのです。これは、生駒山脈の東部は緩傾斜である

のに対して西部が断崖のように急傾斜であるため道路を設置し難いからでしょう。祖父は若いころから崖淵のような急傾斜地に大阪へ降りていく道路をつくりたいと情熱を燃やしてきたのです。

いまひとつは天守閣の再建ですが、多くの人びとは荒唐無稽の夢物語と判じています。中世の終末期、生駒連峰のひとつである信貴山頂に信貴山城が築かれていました。

この山城の天守閣は日本で最初のものであり、望見して感動したルイス・フロイスがその比類ない美しい威容を本国のイエズス会に報告しています。戦国の世の首魁《しゅかい》として活動し、その生涯から梟悪《きょうあく》な人物に目されている松永弾正久秀が建造したものですが、信長の軍勢によって焼け落とされていました。祖父は山林の転売交渉のときだけでなく、友人や知人や近所の子どもにも郵便屋にも鉄屑屋にも、「儂は信貴山城を再建してみせる」と豪語し、山下をボーリングすれば温泉が噴きだすという信念を吐露するのです。

泥んこになって遊ぶ子どもたち

私は小学校の低学年からヨモギの若葉を摘むのに連れだされました。ヨモギが芽吹くのは三月も下旬なのですが、祖母は待ちきれないのでしょう。二月の中旬から籠を手にして田圃の岸に這いつくばって探すのです。頭上をつめたい谷の風がわたっていくのですが、祖母には寒気など物の数ではないのでしょう。

目を皿のようにしてヨモギを探すこと二、三時間、それでもまったく収穫がゼロ。数日すれば前回も前々回も徒労に終わったことなど忘れ果てて、またぞろ寒風の吹く野面に籠を小脇にかかえて向かうのです。祖母は、三月下旬に愉しそうにヨモギの若葉で草餅をつくり、餡子であえた餅は螺鈿《らでん》をちりばめた重箱に入れて、近所に配るのです。

祖母はタケノコ掘りも好きでした。四月の初旬にならねばあがらないタケノコを一か月もまえから竹藪に探しに行くのです。余りにも時期が早すぎて竹林のどこにもタケノコの気配がまるでない。舞い落ちた笹葉を踏みしめて、唐鍬で熊手のように浚《さら》いつつタケノコの先端を探すのです。ヒヨドリが藪の上空から啼きながら遠ざかっていくのですが老婆と孫を嘲笑っているように聞こえたものです。

五月に柏餅をこしらえて近所に配ります。六月の下旬になると田植えのあとの水田に田螺《たにし》を拾いに入ります。田螺を甘辛く煮込んだ味は、天下一品です。祖母は柏餅も粽《ちまき》も田螺も友人やご近所に配って歩くのでした。

村会議員や県会議員の選挙が近づいていた夕暮れ、祖母が軒の下の地面に釘先ですばやく何か輪のようなものを描くのです。私は数年前にも似た光景を目におさめています。

私が小学校に入学してから平仮名をおぼえたころ、祖母は私に名前を書いてみよと言うのです。紙片に「なかもと　しんいち」と書くと祖母は、ホッと嘆声をあげ、羨ましげな色が顔にひろがりました。

私が学校から帰ると祖父は、祖母にむかって新聞を読んであげていることが多くありました。祖母は忠犬ハチ公のように身をすりよせて、祖父の朗読に耳をそばだてます。朗読が終わると、祖父が新聞の記事内容を解説するのです。

「レッドパージて何やの？」と祖母。

「ああ、これは共産党員を追放するこっちゃねん」

「共産党員て悪いん？」

「悪い悪い。ソ連のマネして国を潰しよる連中でな」と祖父が眉ひとつ動かさずに解説するのでした。祖母はいわゆる文盲で文字の読み書きができない人だと私が知ったのはもっと後年でした。祖父にいつも新聞の朗読をせがんでいたし、地面に曲線や直線を描いたりして選挙の候補者の名前を覚えていたからです。


私の子ども時代にもいじめがありましたが、それを見かけた子どもが先生に通報したものです。職域や地域でも見て見ぬふりをするなどということなど絶対になかったものです。川で幼い子どもが溺れている光景を知りながら救助せずに立ち去るなどありえない話です。特段、法律や条例に明文化されているわけではないのですが、世間は励ましあい、支えあい、力になりあって暮らしていくべきものと信じていたのです。むろん完璧ではなかったけれど、他者の痛みを自分の痛みとする感性をもって当時の人びとが生きていました。自分の利益なるものを苛烈に意識しても、そしてそれを容赦なく追求しても、人びとは個人の利益の上に集団のおごそかな利益があると信じていたのです。市井に生きる人びとにとって世間という概念は重いものでした。したがって、「自分さえよかったら、それでいい」という態度が主流になることはなかったのです。

子どもの日々、私には地域に遊び友だちが多くいました。三、四歳年上から二、三歳年下の年齢層が遊び仲間です。日が暮れると家に帰るのですが、わが家で夕餉に向かうとき、友だちが混じっていることがありました。私の母は当然のことのようにそういう子にも食事を与えていました。ひるがえって、私も遅くまで泥だらけになって暴れた日暮れに友だちの家でごく自然に入浴させてもらうことがありました。

大人が日帰りの用事で家を空けるとき、子どもを近所に預けました。近所のほうでも預かった子を我が子のように扱うのです。こどもの悩みを聞きだしたり、励ましたり、叱ったりしていました。大人が子どもはみんなで育て、次代の後継者にしていくものだと捉えていたのです。みなが貧しいわけですから、どの家も生活必需品がそろっていず、子どもが発熱すれば氷枕や体温計を近所に借りに走ったり、醤油、味噌を恵んでもらったりしていたものです。

ヘルニアで難儀した

小学生になった私には難儀がありました。

登校前、脱腸帯を装着するために畳に寝ころがって、パンツをさげ、母の手によって褌のようなT字型の木綿を巻いてもらう必要がありました。腰を締めあげる脱腸帯には四六時中異物感があり、窮屈であり重いものであり就寝するまで外すことができません。目玉の飛びでるほど高価なものを新調してもらったというのに、半年たっても一年経っても内蔵が陰嚢から腹壁のなかへ戻るという治り方を示しません。二年経っても三年経っても睾丸は膨らみがおさまる気配を示しません。

むろん小学校へも脱腸帯を巻いて通学したのですが、成長期にさしかかり骨盤が発育してくるにつれ、万力で締めあげられているような圧迫感がいよいよ強くなってきたのでした。

腰回りの成長にあわせた脱腸帯に換えてあげたいと両親も考えてくれたのでしょうが、高価なものであるから小さいもので辛抱しなければなりません。このため腰に紅色をしたケロイドができかけました。学校からの帰路、傾斜三〇度もあろう峻厳な坂道を登るのですが、夏期には汗もしとどに流れ、汗がケロイドになりかけた傷口にしみる苦痛の大きさといったらありませんでした。

力になりあった水道工事

村人たちは水の確保で苦労してきました。

米磨ぎや洗濯や入浴や飲み水に使う水は、谷の井戸で汲み、前方と後方の桶に入れて朸《おうご》を通して肩にかついで家に搬入してきました。戸数は六五戸で、家々は、二、三戸で、あるいはもっと多い場合は八、九戸でそれぞれの谷に共同井戸をもっています。協同井戸には幾つかの重い問題があります。湧水が多くないことが問題です。三軒、四軒と風呂を焚く日が重なると底をつきます。それから距離が遠いケースも少なくないのです。井戸と家が離れすぎていると、二、三回往復すれば、疲労が困憊《こんぱい》してしまいます。また、冬場、凍りつくことがあるから、寒い朝など桶とともに氷を割るために金槌をもって谷に降りていかねばならないのです。大雪の積もった日も桶をかついで谷から上ってくるのですが、積雪ですべったりすることも多いし、もっと困ることには道が凍結することです。

生駒山脈が荒天に見舞われれば、井戸に大量の雨水や濁流が流れこむことがありますし、カエルやイモリ、ヘビの死体が浮いていることもあります。雑草や樹木が繁って、伐採など管理に人手がかかります。

ある農婦が寄合で、

「水道があれば苦労がなくなるねんけどな」

何の気なしに言ったことが村の歴史を変えていくのでした。総寄合で昭和二九年に簡易水道を敷設しようと決定されます。工事は春の彼岸から動きだします。簡易水道組合が結成され、水源地も選定されます。ため池という案もありましたが、水質を保全する観点から退けられました。きれいな湧水を確保できる取り口についてあれこれ思案し、最終的に四カ所が選ばれました。四つの谷のせせらぎを選ぶことで水枯れを防止することになったのです。水源地からは在所まで水圧で水を流し、八〇立方メートルのタンクと滅菌設備をそなえたポンプ小屋を建設することになりました。村には本職の大工さんが数人いて、この人たちが小屋は言わずもがなコンクリート製のタンクも作ってくれることになりました。

もっとも遠い水源地はタンクから二キロメートル以上も離れていて、そこから口径七糎の本管を道に埋めるのですが、組合の寄合で、夏期に比較的に低温の水を引くには土中深く掘るべしという結論になりました。深く埋めれば、冬期もあまり冷えないと見込まれます。この水源地の奥山には二百年ものの齢をもった老木が幾本もあり、その枝にくうくうと喉を鳴らす山鳩が群がっていました。

寄合でひとりが、

「ひねるとジャーやねんな」と笑顔で言うと、
他の人も、

「ひねるとジャーでっせ」と応じていました。

寄合が寺であったとき、ある老婆が水道の便利さに思いを馳せながら、「蛇口をひねるとジャー」と水が噴出するイメージを言葉にしていたのです。工事を始めてから完了するまで二か月余りを要しました。この期間に工事に関して多くの言葉が発せられましたが、「ひねるとジャー」が飛びぬけて多く頻出していました。つまり、難工事の推進を鼓舞するものであるし、住民の馳せる思いを代弁する名セリフでもあったのです。小学生の私も教室で、朝、朗読する日記に「ひねるとジャー」のことを書いておき、学級担任にほめられました。

五月中旬の日曜日のことです。三時ぐらいに母が田の粗起《あらおこ》しから牛を曳いて帰ってきた父にサツマイモの蒸かしたものを渡したときです。籾干し庭にゴザを敷いて祖父は、祖母のために新聞を読みあげていました。遠くににぎやかな叫び声がします。それがだんだん近づいてきます。男の人が我が家に飛び込んできて、

「試運転、試運転。ひねるとジャーやで」

と叫びます。父が蛇口をひねるとシュルシュルとパイプのなかをガスが奔って来、そのあと水が噴出しました。祖父母も父母も感極まって涙を浮かべながら滝のように落下していく水をみつめます。近所のどこの家でも雀躍りして歓声をあげています。

一週間後に紅白の幕をめぐらした会所跡地で、落成式が執りおこなわれ、式後に村びとがみんな参加する慰労会になりました。アッという間に壮大な酒盛りとなり、女の人たちも今日ばかりはグイグイと飲んでいます。小一時間ほど経ってくると、あちこちで、管を巻く人があられました。即興で、漫才やのど自慢、コーラスを披露しあいました。会所跡地のすぐまえに枝を伸ばした柿の大木があり、私たち子どもは枝に上って演芸を見下ろしました。出し物と出し物のあいだに闖入したおっちゃんがいました。このおっちゃん、赤い顔をしてへべれけに酔っていましたが、一升瓶を股間にあてがい、

「よかちんちん、よかちんちん」と言いながら、腰を振って舞台を練り歩くのでした。

みんなが立ちあがった簡易水道敷設工事は、村びとに、とりわけ子どもたちに大きな影響をおよぼしました。井戸水は危険かつ不衛生なものであり、また加重労働をもたらしているものと判断し得たのは、理知力の賜物です。資金も労力も全面的に村が負担した、昂然と胸の張れる水道です。村中総出で作業を進める姿は、子どもたちに勇気や希望を与えました。一致協力することの大切さも教えました。私は成人してから、社会的に支えあい、励ましあい、力になりあう関係を無数に創っていくべし、と主張しているのですが、その原点は幼いころに見た村のおっちゃんたちやおばちゃんたちの簡易水道敷設工事における共助にあったと思うのです。

困難は人の成長に欠かせない

乾重忠という先生が小四から三年間学級担任をしてくださいました。

乾先生に教わったことはとても多い。四月の始業式の日、掃除が終わって待機している教室に乾先生がやってきました。新しい学級担任だというのです。

教壇に立って私たちの顔をながめ、笑みを顔一杯にひろげ、そのあと、くるっと後ろ向きになってチョークで大きく「人」と書きました。人という字はどういう字形かと問いかけます。「棒が二本あるけど、どういう形をしているかな。離れているかな。くっついているかな。二本の棒はくっついているね、もう少し正確にいうと、もたれあっているでしょう、人は…。つまり、人というのはもたれあい、たすけあってこそのものなんですね。この教室には二九人の生徒がいるけれど、本来はもたれあい、たすけあっているべきなんです。家に帰ってもお父さん、お母さん、おじいちゃん、おばあちゃん、兄弟姉妹、みんながもたれあい、たすけあっているべきなんですよ」

乾先生は時どき、私たちには理解できない聖書の話をします。「欧米の人がこぞって読む本が聖書ですが、そこに『艱難は忍耐を、忍耐は練達を、練達は希望を生む』と書かれてあります。苦難は我慢することを教え、我慢は努力を導き、道を究めると希望をもつようになります。つまり、聖書は苦労や苦しみに耐え、乗り越えていけば立派な人間になると諭しているのですよ」乾先生はそう言われました。先生はまたあるとき、黒板に「草魂」と大書されました。

草魂、いい言葉だと乾先生はひとりで喜色をうかべ、ニヤリと笑いました。先生は、

「道端の雑草を見てごらん。踏まれているでしょう。雑草は、踏まれても踏まれても芽をだし茎を伸ばし葉を広げていますね。これですよ、みなさん。踏まれ、刈りとられ、燃やされても、くじけない雑草。自らの生命を生きぬく雑草。

人は順風満帆では成長しない。子ども時代に腕や足を骨折すると、その部分がかえって丈夫になるでしょう。樹木しても、車に当てられた木はその箇所が逆に盛りあがってきますね。傷ついたところが丈夫になっている。

白菜も結球したころは味がいまいちですが、秋が深まり、さらに初冬になって霜が降りると、いっぺんに白菜は美味しくなりますね。霜という苦しい環境が白菜の味を高めるのですよ。人間も樹木や白菜と一緒ですね。困難が人の成長に欠かせないのです。困難を知らないで育った人は何歳になってもやわですよ」

また、乾先生は日記をつけさせ、毎朝、授業のまえに一人ずつみんなのまえで朗読させました。良かったとき、先生は級友のまえで激賞してくれます。そして、この日記のどこがすばらしいのか考えよと迫るのです。

ごく普通の国語の時間に、突然、乾先生が、

「聞いてくれますか」と切りだしました。授業中ですから、国語のことかと思いました。

乾先生の顔は真剣そのものです。唇が動き、「正しく強く朗らかに」と、男としては少し高音の歌声がながれでました。私はまだ真意をつかめません。私たちは先生の顔を注視します。乾先生の

顔は紅潮し、白い歯並びが見え隠れしています。

やっとわかりました。この歌は二九名の子どもが折りにふれ、熱唱する学級歌なのです。私に震えるような感銘をもたらしました。乾先生の子どもに寄せる愛情は本物だと叫びたくなりました。

私たちは乾先生に三年間もお世話してもらいましたが、卒業式が巡ってきました。同級生は泣きじゃくりました。卒業式が終わって教室に戻りました。乾先生はこころなしか淋しいそうですが教卓に両手を置いて、はなむけの言葉を語っていきます。教室の後方の母親たちも粛然とした面持ちです。

乾先生は三年前と同じように黒板に「人」という漢字を書いて、たすけあっていてこそ人間なのだと説かれました。それから「草魂」と書かれました。踏まれても刈られても焼かれても、雑草は耐えて芽をだしていく、と力説されました。また、「艱難汝を玉にす」とも書かれました。そして、苦しい環境を乗り越えてこそ、人間性がりっぱになると説明されました。私は乾先生のはなむけの言葉にひどく感動しました。そして今日で最後かと思うと涙がながれました。

村に高度経済成長がやってきた

中学校は平坦部にあり、山の小学校と平坦部の小学校から入学します。山の小学校では父母の職業は大半農業でしたが、平坦部の小学校では農業は少数派であり、会社員、商人、工員がおもな職業なのです。つまり、平坦部は都市に繋がっているので、多少ハイカラで山の小学校の出身者が野暮ったいのは否めませんでした。私が中学校に入ってから困惑したのは話し言葉についてでした。祖父とともに信貴山城跡の目測に山に入ったり、祖母の尻のあとについてヨモギ採り、タケノコ掘りに明け暮れてきたことから私は祖父母が話す日常語に浸かってきたのです。

「きんの道歩いてたらでらいくつなが追いかけてきょった」と平坦部の小学校出身者に言うわけですから、相方がわからない。「きのう道歩いていたら大きいヘビが襲ってきた」という意味であるとは信じられないのです。山の小学校から来た者は意味が通じにくい。たとえば、小さいは「ちっこい」、大きいは「でらい」、きのうは「きんの」、そうですともは「そうだっくらいのっ」、うさぎは「おさぎ」、冷たいは「ちみたい」、柔らかいは「やりこい」、寒いは「さぶい」、しゃがむは「ちょんちょくもる」、クチバシは「チョクバシ」、おまえは「おんどれ」、触るは「いらう」、弟は「おとと」などと山の子どもが話しているのです。山の小学校から来た者はイントネーションやアクセントも平坦部の子とくらべると違うのです。私の場合には赤ちゃんのときから祖父母に愛育されてきたので、幼児言葉からも脱却できずにいて、入学早々中学校の中庭にある池に緋鯉や金魚が泳いでいるのを目撃し、中学生になっているというのに、

「きんとと、泳いどんどぉ」

と私は平坦部の小学校から来ている子に話しかけたのです。その子は「金魚が泳いでいるね」という意味だと解することができず、病人を見るような目で私をながめました。

私が中二から中三にかけてのころ、従来の常識からすれば異変としか言いようのない現象が村で見られるようになってきました。小学校から在所にいたる道は、勾配が二五度もあるかもしれない

急峻な坂道です。私は小一から小六まで歩きつづけ、トラックや単車が後方から上ってくるのを見てきました。しかし、どの一台も坂道を上りきることはできません。車体の大きいトラックが積み荷をかなり降ろしても上れないのでした。特に村びとが二本松の坂とよんでいる傾斜が三五度もありそうな部分が、トラックの類を拒むのでした。単車や大型スクターも、外観が高性能にみえても峻路にさしかかると尻尾を巻いて退散するように来た道を戻っていくのです。

中二の秋ぐらいに私はけわしい坂を上りきる単車を目撃するようになりました。瀟洒でやわらかく、非力にみえる単車でしたが、二本松の坂をゆうゆうと上りきるのです。「うーん」と私は仰天しました。同種の単車が違った日にも上りきりました。後日、この単車が、本田技研工業のスーパーカブだと知りました。後日、あろうことかスーパーカブは荷台に人を乗せてもゆうゆうと上っていくのです。

かわいい感じで、前面がやわらかく丸みを帯びた、ダイハツ工業のミゼットという名の三輪車も積み荷のまま上りきるのです。スーパーカブにしろミゼットにしろ、新型のエンジンを搭載しているのでしょうが、それを可能にした技術力の開発に瞠目する思いでした。

このころインスタント・ラーメンなるものが圧倒的な支持を得て台所に登場してきました。熱湯をそそぐだけでチキン・ラーメンが食べられる、と大騒ぎになりましたが、メーカーは日清食品です。スーパーカブとミゼットと日清のチキン・ラーメンの出現こそ、私にとって高度経済成長の到来を示すものだったのです。

総立ちになってことばを喪った観客

高校を卒業した昭和三九年に東京オリンピックがありました。

東京オリンピックの開幕直前に東海道新幹線が開通し、国民にとってはいやが上でも高揚する毎日でした。私がいちばん手に汗をにぎって観戦した競技は女子バレーです。「東洋の魔女」と異名をとる日紡貝塚を主軸にしたチームが回転レシーブでソ連をやぶり金メダルに輝きました。重量挙げのフェザー級で三宅義信も、体操男子の個人総合で遠藤幸雄も金メダルを獲り、日本は金一六、銀五、銅八の戦績で、メダル獲得数が米ソに次ぐ三位になりました。私が東京オリンピックの期間中、じっとテレビばかり見ていたわけではありませんが、何気なくスイッチを入れてから釘づけになった種目がありました。それは男子の長距離走でしたが、種目名が一万メートル競走なのか、二万メートル競走なのか、それとも三万メートル競走なのか、失念しました。しかし、ひどく感銘を受けことを鮮明に記憶しています。

私がテレビをつけたとき、黒人選手が胸で白いテープを切って優勝する場面でした。肩で息をしながらVマークをしています。二位、三位の選手も次つぎとなだれ込むようにゴールラインを踏み、踊りあがって喜んでいます。テレビカメラが選手の顔を精密にとらえ、観客のため息さえ映しだしています。さあ、レースが終わった。トラックに虚脱感がただよい紙切れが舞う。そのときです。白人の最終ランナーがあらわれましたが、ゴールラインを越えてまだ走るのです。周囲の人たちがあっ気にとられています。足がもつれ、ひどくよろめいているその選手を見る観客はあからさまに唇に嘲笑を載せています。選手は腕をぶらぶらさせ、上体をそり返してコーナーをまわっていく。観客が、

「早く引っ込め」

と口汚く叫びます。私は画面に食い入るように見ながらアマチュアの選手に罵声をあびせるのは間違いだが、最下位はたいへんみっともないと感じ入りました。ああ、恥ずかしい。六万の大観衆のあざけりと軽蔑を白人選手は知っているのかもしれません。でも黙々と走ります。オリンピック選手として耐えているのかもわかりません。

やっとゴールを踏みました。おざなりの拍手が贈られました。しかし、その選手はまだ走るのです。二周遅れていたのです。よろめき、足が糸のようにもつれています。観客が騒ぎだしたのをテレビカメラが精密にとらえています。観衆はバカにしきっているのです。ときどき、よろめき、空を仰ぐ選手の顔には苦悩が満ちています。とうとうゴールラインへ。国立競技場は大歓声につつまれました。苦しみを乗り越えた勇者なのですから。みんなは手をたたいて祝福しました。

ところが白人選手はまだ走るのです。なんと三周も遅れていたのです。それがわかるとスタンドは打ち水をしたように静まり返り、テレビカメラがランナーの後ろ姿を追います。広いトラックに彼ひとりの影が伸びています。遠い母国を思っているのでしょうか、それとも妻や子を思っているのでしょうか。走るのは名誉のためでしょうか、国のためでしょうか。何のために走りつづけるのでしょうか。あと半周というあたりから観客は総立ちになり、手をふり、手をたたきだしました。

床を蹴る人がいますし、拳を空に突きあげる人もいます。〝Marvellous〟という声も「がんばってや」という関西弁も聞こえてきます。万雷の拍手という言葉は、今にも倒れそうな選手を迎えるシーンにこそふさわしいものでした。観客は目の前で起きたトラックでの出来事を反芻しながら、すっかり酩酊したようにその場にいつまでも立ちつくしていました。

私がテレビ観戦した東京オリンピックの競技のなかでもっとも感銘をうけたのが、右のレースだったのです。

ヘルメットを捨てて世界漫遊旅行へ

大学ではベトナム戦争や日米安全保障条約の改定が大きなテーマとなって学生たちの頭上に降りかかっていました。私はゼミやサークルでそれらを論議しているうちに全学闘争委員会（全共闘）に加わっていきました。しかし、四年を目前に控えた時期になって懐疑的になりました。

学生たちは原子力空母エンタープライズの佐世保寄港に抗議したときは角材にヘルメットでした。それがいつの間にか先端を刃物のように尖らせた鉄パイプを手に覆面するようになりました。三派系全学連も中核、反帝、革マルに分かれてしまいました。なにより嫌気がさしたのは内ゲバであり、暴力では民衆の支持を得ることはできないと思うようになりました。

そのころ、一年間休学して世界を漫遊したいと憑き物がついたように熱望するようになっていました。中学時代から外国に関心を持つようになり、高校二年生ぐらいから家の机のまえに世界地図を貼り、毎日あれこれ空想しつつ眺めるようになっていました。僻村に生まれ育ったことが外国に異様なまでに憧れる原因になったのかもしれません。

家族が頑強に反対し、説得に日にちが要しました。最後には許してくれましたが、二年後にきちんとした職場に就職する、漫遊には金銭的援助はしない、というのが家族の付けた条件でした。世界漫遊旅行では今日一日だけに生きようとしました。明日、明後日ことを思案しても始まらないし、今日を無事に過ごしてこそ明日を迎えられるのです。

奈良市内の銀行で一ドル三六〇円のレートでドルを購入し、神戸市内のアメリカ総領事館でビザを得ました。

サンフランシスコを滞在地にした理由は、先端的でリベラルな空気があるからでした。

飛行機が高度を下げてサンフランシスコ上空で旋回したとき、折からの夕陽の残照で太平洋の海原がワイン色に染まり、波間に数百隻になんなんとする大小様ざま、色彩も様ざまなヨットが自由気ままに浮かんでいましたが、その光景を見てアメリカだと思いました。

アメリカの最初の数日はＹＭＣＡホテルで過ごしましたが、高校時代から私には夢がありました。手持ちの現金は二百ドルだけなのですが、サンフランシスコを起点にして世界一周の漫遊旅行を一年かけてやるという大望なのです。サンフランシスコには片道切符で来たのであり、この街に滞在している間に、アメリカからヨーロッパに渡り、北アフリカ、中東を経由し東南アジアを逍遥して日本に帰り着くまでの生活費と航空券を賄わねばならないのです。つまり、アルバイトをする必要があるのです。

ＹＭＣＡホテルに三連泊し、当地にたむろする世界漫遊旅行中の若者に聞きに行きました。特にユニオン・スクエアに蝟集しており彼らからハウスボーイが有利だと指南を受けたのです。その一人は先月まで市内の白人家庭でハウスボーイをしていた学生で、

「住みこんで日に三〇分ほど仕事をして、夕食・朝食が付いていて月に五〇ドルが相場だよ」と教えてくれたのです。どんな仕事かと問うと、

「軽作業さ。皿洗い、窓ふき、床磨きなどの一つだね」と言うのです。ハウスボーイ職を見つけるには、

「サンフランシスコ・イグザミナーとサンフランシスコ・クロニクルという二つの地元紙があって、そこへ三行の求職広告を出せばいい。五ドルだ」と言うのです。ハウスボーイを雇いたい者が電話をかけてくるから、取り次いでくれる場末のホテルに移れとアドバイスしてくれました。

ＹＭＣＡホテルを利用して驚いたことがあります。ホテルの広い談話室には幾つかのソファーがあるのですが、同一人物が毎日に同じ席に同じ服装で腰を降ろしてつづけているのです。一〇人ほどの老女性が、そろって口紅を赤くひき頬もこころもち赤くする化粧でひねもす腰かけています。

場末のあやしげなホテルに移りました。マーケット通りに面したそのホテルはカリブ海諸国の出身らしい男がフロントを担当していました。電話がかかってくると、良かった良かったと喜んでくれるのですが、隣室では若い男女が強烈なリズムのダンスをやっているようで、騒音が神経に障ります。鼻腔を刺激する異臭も充満しています。マリファナを吸引しているのかもしれません。

電話をかけてきた人の家に面談に行きました。

市内では窓からゴールデン・ゲート・ブリッジが見える辺りが最高級住宅地で、ゴールデン・ゲート・パークの北、つまり太平洋の波濤がサンフランシスコ湾の波と交わる辺りの宅地に富裕層やエリートが居住しているのです。どこもみな、住宅のまえの芝生がきれいに刈りこまれ、軒先にはパンジー、スミレ、フクジュソウ、マリーゴールドが咲き競っています。

ハウスボーイの仕事を求めて

どの家も瀟洒な洋館で、白い垣根には赤いバラをからませたりしています。お目当ての家を探していると、目のまえに見えるゴールデン・ゲート・ブリッジに濃い霧が流れてきました。どんどん橋げたが閉ざされていきます。ゴールデン・ゲート・ブリッジはサンフランシスコ湾をはさんで市内とマリン郡を結んでいますが、アッという間に完全に隠れてしまいました。それから数分で、霧が少し晴れて、赤いゴールデン・ゲート・ブリッジの搭屋の部分だけが白い濃霧に浮かび、下方に目をやれば湾上に遊ぶ一隻のヨットの帆が揺れているのでした。爽やかな明るい陽光が降りそそぎ、お伽の国に迷いこんだような気持ちになったとき、お目当ての家が見つかりました。

電話の主は、禿ネズミのような印象のある小柄で背中の曲がった老人で、室内を案内しながら、ユダヤ教を信仰していると告げました。窓辺や卓上に様ざまな磨かれた金や銀の小物が飾られ、それを追う老人の目にはたえず暗い光が宿っていました、

もう一軒はチャイナ・タウンに近い坂に建つマンションの居住人でした。バンダーハーホフと名

乗る男性は、雲衝くように大柄で六〇代と思われました。老境でも真っ赤なシャツが似合っており、磊落な印象が伝わってきます。奥さんと二人で暮らしですが、セールスマンだということです。居間に立つと、ベイブリッジや対岸のオークランドの市街がよく見えます。壁に若い男がガウンを着た写真がかかっていました。訊ねると、息子がハバード大学を卒業したときのものだということです。

私はバンダーハーホフさん宅にお世話になることを決め、即日、スーツケースをさげて転がりこみました。しかし、数日でマンションを出ました。

老夫婦も私を観察していたのでしょうが、私も二人の吝嗇《りんしょく》に耐えられません。「おまえは食べ過ぎる、食糧の出費がかさみ過ぎるではないか」と私を難詰し、私も私で怒り心頭に発してブロークン英語で、「やい。独活《うど》の大木はアメリカ一のケチ野郎」と罵声を浴びせました。このとき、ケチな人間に軽蔑をこめて、niggardという話し言葉が咄嗟に口から出ました。

振りだしに戻り、またもサンフランシスコ・クロニクルに三行広告を載せ、場末のホテルで待機しました。今度はスコット通りの女性が電話をかけてきました。一九世紀ニューイングランド風の三階建ての木造家屋に住んでいます。ミセス・ヒックスという女性には七歳の男の子と四歳の女の子がありました。ほっそりした体つきで、人目をひくような美しい女性です。白人の年齢は分かりづらいのですが、歳は三〇代の前半でしょう。ご主人はなにをする人かと問うと、彼女は「夫というものはいない」と答え、数分の面談で私の新一という名前から、

「これからいいわね、シンと呼ぶわよ」となったのです。成人学校に通うことを認めてくれるとい

うのが私の側の条件でした。同居することが決まった瞬間、なぜか、私は近い将来、ミセス・ヒックスと体の関係ができるかもしれないと思いました。

市内の数カ所に成人学校がありました。これは元々、移民に英語やコミュニティ・ルールやサンフランシスコの歴史を教えるために開設したものです。午前九時から授業が始まります。中年のアメリカ女性が、教壇に立って、「ハウアユ　エブリボディ　キャンユウ　アンダスタンド　イングリッシュ」とか言ってにこやかに微笑しました。教室には若い人も老いた人も男の人も女の人も、アジア人も白人もいます。

アダルト・スクール一年生

授業の内容はごく易しいもので、日本の中学校二、三年レベルといえるでしょう。しかし、英語を聴くことと話すことについて私はまったく駄目です。午前中は二人の先生、午後は一人の先生の授業を受けたのですが、さっぱり理解できませんでした。数日経ってきたとき、日本人の生徒たちに目が届くようになっていました。一番多いタイプはアメリカを体験しながら英語力を身につけようとしている人です。学歴的には高卒の人もいますが、多くは大学生です。企業に一、二年働いてからアメリカに渡ってきた人も少なくありません。それからアメリカの大学に入学することが決まっている人もいます。サンフランシスコに日本企業が支店や営業所を置くことが多いのですが、そうした駐在員の妻が英会話を磨くために入校しているケースが少なくありません。

サンフランシスコとその周辺には日系人が多く住んでいます。移民という形で入国したり、移民ではないけれど永く滞在したりしている日本人がとても多い。アメリカ国籍をもつ一世でありながら、話すことはできても読んだり書いたりできずに成人学校に通っている人もいます。ミセス・ヒックスが昼食用のサンドイッチを作ってくれます。コンビニで牛乳を買って成人学校の中庭でみんなと一緒に食べ、三時半ごろ帰宅します。食卓に私がすべき作業を指示した紙片が置かれてあります。床磨きや窓ふきなどの軽作業であることが多く三〇分ほどで片づきます。

ベティという女の子は幼稚園から帰ってても絵ばかり描いていますが、トムという男の子は英語で文章を書きます。トムが書いた英文が文法的におかしい場合、私が添削してあげたりします。

一週間もすると、仲のいい友人ができました。

ストラボンは筋肉質の体軀をしており、猛烈な理屈屋です。アテネの大学を卒業してすぐこの街にやってきました。成人学校の学生としては珍しいことですが、いつも背広にネクタイという身なりです。エベルトはハンブルクの貿易商人の息子で高校を卒業するまでバスケットボールの花形選手だったそうです。洪則徐は社会主義中国に生まれ育ち、住んでいたが、高校を卒業してから故郷や親兄弟を捨てて、大河を泳いで香港に逃げ、香港で小金をためてサンフランシスコに来たと言います。この人は将来的にはアメリカの国籍を取得するつもりでいます。

林美鈴はいつもひまわりの種をかじりながら本を読んでいます。丸顔で、おだやかで、おとなしい台北娘で短大を卒業してサンフランシスコにやってきました。リタはコロンビア出身の若い女性で、雪のように真っ白な肌と緑の目をしています。リタは林美鈴とは大の仲良しです。

猛烈なホームシック

学校に慣れてきたある夜、私はヒックス家で夕食をとってから外出しました。約束の場所にストラボン、林美鈴、リタが待っていました。私たちはチャイナタウンをめざして歩きます。あるビルの地下室に降りていくと、紫煙が渦巻いていた。バンドの音が耳を聾します。ドアを押すと、五、六人が演奏しています。バンドマンが手をあげ、私たちに笑いかけました。注文したビールを飲んでから私たちは踊ります。それからステージに立って私たちは一人ずつ歌いましたが、私が選んだのは「蘇州夜曲」です。アルコールが全身をかけめぐり、理性が遠のいていき急に日本が恋しくなりました。

その翌日も学校へ行きましたが先生がたの話す英語がまるで分らないのでした。街には早口に英語をしゃべって活動する老若男女があふれています。アメリカに入国して四〇日になるというのに、言葉が分からず、金も貯まらず不安な気持ちで一杯です。午後、ハウスボーイをしながらのアルバイトを求めてダウンタウンを歩きましたが、足を棒にしただけでした。

北の方角から飛行機が飛んできました。サンフランシスコ国際空港に着陸するために高度を下げているようです。日本航空のものらしく機体に鶴のマークが描かれています。それが日の丸に酷似しているように私の目に映り、日本が懐かしくてたまらなくなり、私はぽろぽろ涙を流し、「すぐ帰りたい」と思いました。

毎朝、決まった時刻にヒックス家を出て、友人たちと成人学校で習い、定刻に帰宅しては仕事をしていました。ある日、市の広報紙を読んでいて人夫の募集が目に留まりました。市内の目抜き通りで夜間工事を行い、時給は四ドル五〇セントで八時間、工期は九日間、とあります。ミセス・ヒックスに訴えてアルバイトを認めてもらいました。

私は施工会社にでむき申込みましたが、夜八時から朝五時までの工事ということでした。初日に指定された場所に行くと、若い連中が四、五人集まっていました。私の仕事は発削機でコンクリート舗装を砕き、また瓦礫をトラックの荷台に積むということです。くたくたに疲れた明け方の五時に事務員が現われ、その日の日当を払います。早朝、ヒックス家に帰ってから少し睡眠をとって、それから学校に通いました。学校から戻ってからも少し寝ました。

結局、アルバイトは最後までやり通しました。

夜間工事をしていたとき、学校の中庭で友だちに「サンフランシスコの一番有名なレストランで、サンフランシスコで一番美味いビフテキを腹いっぱい食わせてやる」と約束してきました。成人学校に来ている若者は、常時空腹なので、彼らを喜ばせたいと思いながら発削機を使っていたのです。洪則徐とリタと日本人の岡部君がぜひ食べたいと手を挙げていました。

ユニオン・スクエアから数分歩いた所にサンフランシスコ湾を一望できるノブ・ヒルがあり、ここにフェアモント・ホテルが威容を聳えさせています。私たちはエレベーターで最上階に上がり、クラウン・ルームというレストランに入りました。巨大な窓ガラスがはめられていて、市街と湾、およびオークランドやバークレーなどの対岸も眺めることができます。私たちはブラディ・メリーを昼酒としてゆっくり味わい、そのあと、みんなで目を見かわして特大のステーキにフォークを刺しました。洪則徐が「夢を見ているのではないだろうか」と、また、岡部君が「匂いまで最高級だね」と言いました。

ナイフとフォークをもつリタの手が震えています。彼女は、私の目に訴えるように、「わたしねぇ、これはねぇ、今まで食べたもののなかで一番美味しい。もうこの先、これ以上のものは食べられない気がするわ。そう思ったら体が震えてきたの」と言いました。

夜間工事で得た臨時収入の大半は三人を喜ばせるために使いきりました。友だちの喜ぶ顔を見ただけで私は十分でした。お金が惜しいという気はしません。残金は東京銀行の口座に入金し、世界漫遊旅行の大望実現にむけて備えました。

正義にむかって突進していく博士

サンフランシスコに九か月滞在しましたが、その間、人品の卑しからざる紳士風の白人男性から声をかけられたことが何回もありました。まず、何語を話すのか、とか、何をしているのかと訊いてきます。そして、ほんのり血走った目で私の体を眺めたとき、同性愛好者だとピンときます。厚かましいやつは、コヒーでも飲もうと提案します。しかし、攻勢を受けても私にはその気がまるでなく、私は幸か不幸か正真正銘のストレートなのです。

だから同性愛好者とわかっただけで嫌悪感が沸きおこっていました。

サンフランシスコは同性愛好者が多く住む街として有名ですが、各地から集まってきて、その人口がアメリカ随一であると言われています。成人学校の中庭でも同性愛の人が多く住むポーク通りが話題になりますし、アメリカ社会では同性愛好者でありながら要職にある人の数も多く、いつの日にかポーク通りを見たいと思うようになりました。

車も舗道も建物もごく普通であるのに、ポーク通りに足を一歩踏みいれると、まったく他とは違った雰囲気があります。手をつないで通りすぎていく男の二人組がありました。ポーク通りに来たとき、小雨が舗道を濡らし始めたのですが、一本の傘で体をくっつけて歩く二人連れもありました。

普通の都市の通りにはギラギラとした金銭欲、物欲、名誉欲、性欲の塊のような人が闊歩していますが、それとは対照的に私はポーク通りをゆく人びとに静かさ、安らかさ、柔らかさを感じました。もっと言えば、曲線的で繊細で優しい感じの人が多いというのがポーク通りから受けた私の印象でした。同性愛をしようと誘われたら拒みつづけるでしょうが、サンフランシスコに滞在した結果、同性愛好者は異常で不潔で排除しなければならないものという観念を捨てるようになりました。それから同性愛好者はホモという陰気で否定的なイメージのある言葉よりも、ゲイという陽気で肯定的な語感のある言葉で呼ばれたいと考えていることも知りました。

成人学校の先生がたが熱心に英語を教えてくださるのですが、私の会話力が向上しないので、やはり無料の語学サービスを受けることになりました。学生がマンツーマンで週一回面倒を見てくれるのです。それがカリフォルニア州成人英語普及協会で、会長はロバート・ライキング博士です。ロバート博士を訪ねてバークレー市に行きました。まずカリフォルニア大学バークレー校をのぞきましたが、日本人の思い浮かべる大学の規模からは桁外れに大きな大学であり、私は震えあがるほど圧倒されました。

ロバート博士は歓迎してくれました。すぐ、「ロブと呼んでくれ、君のことはシンと呼ぶから」と言います。オークランド大学の英語学の教授で独身だということです。

「シン、わしゃ、一人でも多くの人に英語を話せるようになってほしいと思っとる。それでサンフランシスコ、リッチモンド、サンノゼ、ロサンゼルスに拠点を置いておる」とロブが言います。私が拠点とは何ですか訊きますと、

「英語を教える学生を常雇しているんだな」とロブ。英語を読めず話せずの移民がカリフォルニアに押しよせて来ているので、自分ができることとして、成人英語普及協会の活動を展開しているというのです。文字を読めず話せずということから生活の劣位を招き、悲惨かつ困窮をきわめる人生になっていく。文字を覚え、英語を話せるようになると、人生に成功を収めることができる。ロブがそう説きました。

「国外でも活動しておってね。スーダンがあるね、識字率の低い国じゃ。わしゃ、スーダンに英語教員二名を派遣しとる」と陽気に胸を張ります。二名はそろって中年の女性で、年がら年中、現地で黒人たちに英語を教授しているらしい。ロバート博士は富豪なのだろうと思いました。いつごろからスーダンに教員を派遣するようになったのかと訊ききました。

「三〇歳ごろからじゃね。もう二十数年になるだろ。年に二、三回はわしもスーダンに足を運んでおる」とロブが言ってから、シマウマの毛皮でこしらえた札入れを私にプレゼントしました。アメ

リカに滞在している間に、数度、ロバート博士宅を訪問したり食事をめぐんでもらったりしたことがありますが、アメリカ人らしい人物だと思いました。なぜなら正義にむかって莫大な金銭をつかって突進していくし、突進している間は俗事や周囲が視野に入らないらしい人だからです。

日系人庭師の見習い

学校の友人から桑港毎日新聞を読むように言われました。タブロイド判の、記事は英語と日本語で書かれ、購読者は日系人と日本人に限定しているようで、そこにクリーニング屋、ウエイター、庭師などの求人広告が載っていました。ミセス・ヒックスにハウスボーイを勧めながら庭師見習いをすることを認めてほしいと頼みましたが、彼女はＧｏｏｄと言ってくれました。世界漫遊旅行の大望を実現するために気を利かせてくれたようです。月曜日と火曜日は学校に通い、水・木・金は庭師の仕事をするということで折り合いをつけました。

庭師のアダチ・ユウスケさんは鹿児島県出身でちょうど四〇年まえにアメリカにやってきた一世でした。

「ユーはファイティング・スピリッツ、根性をもっているようにアイ・シンク・ソウ。ツモローから来てくれるかな。帰りにオフィスにある顧客名簿をシーしてよ」

応接室を退去したあと、大きなガレージに入ると中型トラックが停められてあり、その後方にカーテンで区切られた一角ありました。電話の載った事務机と書類の山があるだけで、とてもオフィスとは呼べません。ガレージの壁には大きなサンフランシスコ周辺の地図が貼られてありました。顧客はいわゆる大サンフランシスコに散在しているようでした。

庭師の仕事からミセス・ヒックスの家の近くまで帰ってきたとき、トムとベティが四〇代と思われる男性に抱きしめられるようにして話しこんでいました。ふっくらした体つきで頭髪の多い美男でした。こういう光景をその後もときどき目撃したのですが、おそらくヒックスさんの元夫で、子どもに会いにきていたのでしょう。

サンフランシスコに滞在して二、三か月経ったころから季節感のなさにとまどうようになりました。この街は地中海気候で、真夏に霧のせいでスチームを入れることがあっても年間通して初夏のような気温なのです。日本では土用、盆踊り、秋の彼岸、秋祭り、正月、大とんどなどの年中行事が四季と結びついて心理的なメリハリをつけてくれていたように思うようになるとともに、この街の気候がノッペラボウにしむけていくと感じたものでした。

アダチさんの下で働くようになってからしばしば日系人の家に行くようになりました。日系人たちが庭の手入れを思いついたとき、自然にアダチさんをノミネートしてしまうのでしょう。顧客に日系人が多いのです。庭師といえばアート系の印象を放つのですが、その実際の仕事は、最初、庭に転がっている犬猫の糞を拾いあげること、次に芝刈りなどを施して庭の大掃除をすること、につきるのです。

アダチさんは庭師のパーティーを大切にしています。

「ユーノウ？　ジョブ仲間はフレンドリーでないとジョブつづかない。ユーノウ？　ユーも一度に出たらグッドよ」と言い置いてパーティーに出かけます。アダチさんによれば庭師は日系人が多く、チャイナや白人もヒスパニックもいるということです。

月曜日と火曜日に学校に通いましたが、ようやく多少は聴きとったり話せるようになってきて、初級クラスから中級クラスへ、さらに上級クラスへ上がっていきました。放課後には成人英語普及協会が派遣する学生から個人レッスンを受けます。

夕食後、時どき、チャイナタウンの近くにあるビルの地下室に行きます。顔ぶれはいつものように林美鈴、ストラボン、リタ、そして私です。バンドマンが演奏する、スポットライトが揺れ動くなかで踊り、私もステージに立って歌うのです。

私は、アメリカへ来てから日本人移民の背景に目をむけるようになりました。サンフランシスコ周辺には日系人が多く暮らしていますから、ついつい彼らについて考えてしまうのでした。成人学校で私がよく話す婆さんも和歌山県出身の日系一世です。

日本人のアメリカ移民には幾らかの類型があります。一つは仕事や商売に失敗し、捲土重来を期して渡ってきた人びとです。二つ目は、先祖伝来の農地を二束三文で売ってやってきた農民たちです。こういう人びとは大概、中農以下です。三つ目は、昇給・昇進の道が閉ざされた日本の企業に耐えきれずに新天地をもとめた人たちです。

私は日系人を見つめながら中国人にも注目しました。

アメリカでは、日本への評価以上に中国に対する評価が二倍も三倍も高い。反面、中国に対する嫌悪と警戒もまた強いのです。

中国人というのは他の中国人と組んで事業を展開することも多いですが、白人が中国人に対して嫌悪の念をもっているという事実を承知しながら白人と組むことも多いのです。そこに私は合従連衡で危機を潜りぬけてきた中国人のたくましさと胆力を感じるのですが、日系人が白人や中国人と組んで事業を展開しているケースなど見たことがありません。サンフランシスコ周辺では建築家、医師、大学教授などになり輝いている日系人も少数いますが、それらは個人的才能に立脚した孤立的な成功例であり、人種間民族間のあつれきを潜りぬけていない、ひよわな花に過ぎないのです。

そして、大半の日系人は中流よりやや下に位置し、下積みの生活を送っている人びとも少なくないのでした。

市内のダウンタウンに住む日系人からアダチさんに依頼電話があり、私たちはオンボロ・トラックで駆けつけました。運転しながらアダチさんが、

「これからゴーイングするオダさんは、カナガワからイミグレションしてきた人で、ビッグなファームのボスだった。ユーノウ？　リタイアして市内にムーブしてきた。バッド、マリッジはできなかったからシングル・ライフよ。一世はウーマン不足でマリッジできなかったのよ。ユーノウ？」

オダさんは、いかにも風雪に耐えてきたという感じの老人でした。数本の庭木の枝をそろえ、根本に肥料をあたえ、芝生を刈って掃き掃除をしました。オダさんが、お茶でも飲んで帰れと私たちを家に入れました。居間には観葉樹が青葉を繁らせています。オダさんが慣れた手つきでコーヒーを淹れてくれたあと、くるっと背中を見せて歩きながら、

「サチコ、庭をきれいにしてもらったよ」と声を出しました。

部屋の隅にベッドがあり、誰かが寝ているのか、すこし盛りあがっています。ブランケットをめくってから、オダさんが、

「ナカモトさん、ワイフのサチコだよ」と笑いかけました。私は何もかも了解するとともに背筋に冷たいものが流れるのを感じました。ダッチワイフ、つまり等身大の代用女性人形なのです。サチコさんは半身にしてもらいましたが、薄いブルーのネグリジェを着せてもらっています。胸が形よくふくらみ、腰がくびれていました。

オダさんがこの女性を相手に夜な夜な性交渉をしてきたのかと思うと、私はアメリカ移民の過酷な現実に殴られたような痛みも覚えました。

成人学校の上級クラスに入ったころから会話力がかなり向上してきました。ミセス・ヒックスに頼まれて使いに行くことがあるのですが、アメリカ人相手に話しあうことができるようになっていました。

庭師たちのパーティー

アダチさんの奥さんがオフィスで電話番をしていると、依頼者が電話をかけてき、アダチさんは公衆電話で依頼者と話し、オンボロ・トラックで駆けつけるのです。

ある金曜日の午後、仕事が終わったとき、アダチさんが、

「ツモロー、パーティーをハブするがナカモトさんが来たらグッド」と言うのです。色んな人びとと金曜日の夕方に「ハヴァ・グッドウィーケンド、シーユーアゲイン、マンデー」と言って別れますと、強烈な孤独が月曜日の朝までつづくのです。この間、お金のある者はレジャーを満喫することができますが、私のような貧乏学生には残酷で退屈な二日半になっているのです。それで、土曜日の午後七時にアダチさんが指定したコンコルドのゴルフ場に行くことにしました。しかし、当日、バスに乗り間違え、一時間近く遅れてクラブハウスに着きました。ヒスパニックらしい者、中国人らしい者、日本人らしい者が一二、一三人いて、とぐろを巻いてビールを飲んでいました。アロハシャツを着たアダチさんが、すっかり酩酊していました。私も飲みだしたのですが、ヒスパニックが、

「一発やりたい」と呻きました。その近くの中国人らしい男も、ビール瓶のそそぎ口に指を出し入れしながら「やりたい」と声を張りあげました。

暗黙の裡に合意ができたのでしょうか、男たちはビール瓶の空箱を探し、めいめい一箱を手にしてクラブハウスを出ました。なぜビール箱なのかと不審に思いながら私も彼らのあとにつづきました。

隣りは牧場で畜舎の屋根に幻想的な赤い満月が輝いています。

誰かが数頭の牛を外に出しました。それから信じられないような光景が現れたのです。男たちはズボンを脱ぎ、パンツをさげて、牛の背後にまわって局部に手をいれました。そのあとビール箱に乗って牛の尻を抱くと猛烈なピストン運動を始めたのです。月光に照らされた男たちの白い尻が黒地に激しく往復するのでした。

私はこれが獣姦かと驚きました。その夜、ミセス・ヒックスの家に帰っても私は容易に寝つくことができませんでした。

会話力が少しついてくると、アメリカ人の書く英文にはいい加減なものが多いことに気がつくようになりました。ヒックス家のトムは、時制も三単現も話法も無茶苦茶な文章を書いていますが、小学校低学年だから仕方がないように思います。アメリカで生まれた学校の先生もおかしい英文を書いています。これは、逆にいえば日本の受験英文法が特異な精緻さを見せているということでしょう。スペルの間違いが多く、ラテン・アメリカ、中東、ヨーロッパなど出身国のなまりもひどいものがあります。

レタスもぎとりのアルバイト

成人学校、成人英語普及協会の個人レッスン、庭師見習い稼業がすべてうまくいっている私をつかまえて、アダチさんが、

「セントラルヴァレーのファームにアルバイトに行こう」と持ちかけました。

サンフランシスコの南東にひろがる広大な平野をセントラルヴァレーといい、東西二百キロ、南北四百キロにも及ぶとアダチさんが教えてくれました。日本の本州の半分ほどに該当する広さで、このヴァレーの東がシェラネバダ大山脈だと言います。平野であるのに、なぜ谷と呼ぶかについては、谷底ではなく、ただただ平坦な大地がひろがっているだけなのだが、アメリカという巨大大陸

からすると「谷」が妥当ということになるのだそうです。アダチさんは、毎年、農場のオーナーがレタスの収穫のために、庭師稼業の面々に応援に来てくれと懇願するのだと言いました。

ミセス・ヒックスにはこころ苦しくて話しづらかったのですが、アメリカを多角的に体験したいと前置きして、アルバイトの件を切りだし、一週間を認めてもらいました。農場にむけて出発する朝、ミセス・ヒックスはひどく心配げな表情で、私の腕をつかんで〝Be healthy〟と言いました。

到着した日の夕時、畑の真ん中に建つオーナーの家に挨拶に行き、その夜からオーナー家の後方に建つ寄宿舎に泊まりました。メキシコ人の六〇、七〇人ほどの労務者も来ていました。翌朝、目覚めた私たちは、コーヒーを沸かし、ソーセージと卵でパンを食べ、六時ごろレタスの畑に出ました。遙か遠くに墨色の山影が横たわっている以外、視野にあるのはレタスだけです。レタスが地平線にむかって一面に並んでいるのです。

私やアダチさんや以前のパーティーでビールで乱酔していた連中も、だぶだぶの作業衣を与えられました。首からバスケットをつるし、レタスを一つひとつもぎとってその中に落とし、満杯になると、後方から進んでくるトラクターに投げこみ、また、畝と畝のあいだを進んでいくのです。八時ごろからは頭上から日射しが降りそそぎ、汗がながれ、レタス畑を流れる熱風のために、めまいがするようになりました。

バスケットが重く、首筋の筋肉が痛みます。常時、腰をかがめているので、腰に切りつけられたような痛みが走ってきました。

メキシコから流れてきた労務者も庭師稼業の面々も、はるか前方でレタスをもぎとっているのです。昼になってオーナーの家で昼食を摂りました。アダチさんが、メキシカンはほとんど密入国者だというのですが、彼らの粗野な陽気さに私は圧倒されました。

午後も強烈な太陽の下で、レタスをもぎとって、バスケットに落とし、トラクターになげこむ、という単純作業をくり返します。畝は一キロメートル以上にわたって直線的に前方にむかって伸び、横に七〇列も八〇列も広がっているので、自分の仕事量が小さく思えるのです。メキシカンの姿は、はるか地平線の彼方にあるので、私は焦燥感にもつきまとわれました。夕暮れに仕事が終わったとき、私は畝と畝のあいだの地面に転がり、もう誰とも口を利きたくありませんでした。何とか夕食は腹いっぱい食べたのですが、夜がふけても日中陽光に焼けた大地の熱がさめず、気温も高停まりしたままでした。

翌日も翌々日も、とにかく約束した一週間をクリアするために私は歯を食いしばって働きました。七日目の作業がおわったとき、勝ったと思いました。金銭的収入よりも試練に打ち勝ったことのほうが何倍も嬉しかったのです。

サンフランシスコに戻って、ミセス・ヒックスが計量につかっている体重計に私が乗ると体重が五キログラムも落ちていました。話が前後するのですが、ハウスボーイになった日からヒックス家の玄関の鍵を渡されています。農場から帰って玄関のドアを開錠し、黙ったまま自室への階段を降りていき、ミセス・ヒックスとぶつかりそうになりました。私だと分かると、彼女が飛びついてきました。そのあと、買っておいたらしい品物をプレゼントしてくれました。冬の季節のないサンフランシスコなのですが、マフラーが入っていました。二、三日してから私もフランス製の香水を贈りましたが、ミセス・ヒックスは濡れたような眼差しで私を見つめました。

農場で働いているとき、漠然と思っていたことが普段の生活に戻るともに言葉になって出てきました。レタスをもぎとっていたとき、私が生まれ、育った生駒山脈の頂上付近の農業を思い浮かべていました。私の村の田畑は箱庭みたいなもので、大根の横に白菜を栽培し、その横にみかんの木が立ち、みかんの木の下にほうれん草が生えていて、畑に隣りあって稲田が広がっているのです。ちまちま、にぎにぎしているのが日本農業なのです。セントラルヴァレーの一角で働いてみて、アメリカの広大さが身にしみました。

大陸国家であるということと、西部開拓時代に自分たちを勇気づける腰が抜けるほどの遠大な理想が必要であったということが、いまだに現代のアメリカ思想を特徴づける要素になっているように思います。すなわち、アメリカ人の考えることには誇大妄想、ハッタリ、大ぼらが混在していると思うのですが、それは広大な領土に影響されてのものでしょう。カリフォルニア大学バークレー校の広大さ、ロバート・ライキング博士の文盲追放事業の遠大さ、あるいは朝鮮戦争やベトナム戦争への参戦理由を共産主義の浸透を防ぐためとした不遜…には広大な領土と理想追求衝動が一体になって現われていると思わざるを得ないのです。

並んでジンを飲んでいるうちに…

農場から帰ってから平々凡々とした生活に戻りました。すなわち、月曜と火曜は学校に通学し、またマンツーマンのレッスンを受け、水曜から金曜までは庭師見習いをし、土日には日本の最新情報を入手するために日本航空のＳＦ支店ないし市立図書館に行って日本の新聞を読む、ということをやっていました。そこへ万聖節の前夜祭ハローウィーンがやってきたのです。ミセス・ヒックスが夕方、私に用事を言いつけました。玄関に立っていて、玄関までやってきた子どもたちに、お菓子を渡してほしいというものです。私は二つ返事で引き受けました。夕闇が迫ってきたころ、着飾ったミセス・ヒックスはトムとベティの手をひいて出ていきました。

七時まえごろから三々五々親子が石段を昇って玄関までやって来ました。そして祝福のひとことを言ってくれるのです。私はにこやかに笑いかけながら紙箱からお菓子をとりだして子どもに渡しました。八時半ごろに人波が途絶え、ミセス・ヒックスも子どもたちと一緒に帰ってきました。彼女の顔は、ハローウィーンに加わったためか上気していました。ほどなくいつものベビーシッターがやってきて、トムとベティを連れて帰りました。いつもなら、金曜日の夕食をすましたころ、ベビーシッターが迎えに来、日曜の夜八時ごろ送ってくるのですが…。

居間でミセス・ヒックスと並んでテレビを見ましたが、初めてのことです。そのうちミセス・ヒックスがジンを飲みだし、私にも勧めます。いつもダイニングルームにジンが置かれ、杜松《ねず》の実の香味をつけた蒸留酒が好みなのかと私は思っていたのです。

しばらくすると、ミセス・ヒックスが、「シンが農場へ行ったときは心配した。もう帰ってこないかもしれないと思った」というのです。酔いのせいで私の声もしだいににぎやかになっていき、抑制がとれてしまいました。私たちは手を握りあい、キスをし、それが激しいものになりました。

ひしと抱きしめあったまま、互いに相手への思いをぶつけあいます。…

翌日の夜、ミセス・ヒックスは前夜みだらに燃えたことをおくびにもださず、「シン！　ディナー！」と呼ぶだけで普段と何一つ変わることがありませんでした。

毎夜、夕食の準備ができると、ミセス・ヒックスは、食堂から首を出して、「シン！　ディナー！」と呼んできました。私は胸を撫でおろすとともに少し他人行儀に接しました。

秋の終わりにはニューヨークから大阪空港までの航空券と、グレイハウンド・バスの周遊券を購入することができました。

一二月の中旬にヒックス家に別れを告げました。バスでアメリカ各地とカナダを回り、イギリスを経由してヨーロッパ大陸へ渡りました。オランダ、デンマーク、ノルウェー、スウェーデンを逍遥したあと、フランス、ドイツ、イタリア、スペイン、北アフリカ、ギリシャを見学しました。レバノン、イラク、イラン、インド、タイ、カンボジア、フィリピン、台湾も見たあと、三月下旬に帰国しました。一年まえ羽田を出発してから「今日一日だけを生きる」という過去にも未来にもこだわらない哲学で漫遊旅行をしてきましたが、その気になれば世界旅行をすることができるものです。

生駒山脈の頂上付近の畑に桃、彼岸桜、ボケの花が咲いていたのですが、しみじみ生きて帰れたと思いました。外国暮らしは一年間だけだったのですが、日本に帰ってくると、ごちゃごちゃとして個が確立していない環境になかなか適応できないのでした。

日本人であることに自覚と誇りをもつ

一年間の世界漫遊旅行は私に二つのものを与えたと思います。一つは、日本人であることに自覚と誇りをもつようになったことです。成人学校の中庭で談笑していたときも、庭師見習いにあけくれていたときも、ギリシアの古代遺跡や中東のモスクを見ていたときも私は日本人以外の人間でありえないと思っていました。また、日本は世界で一番すばらしい国という思いを持ちつづけ、記紀万葉の世界がこころの拠りどころになっていきました。

二つ目は、アジアの諸国民と連帯して欧米の力に対応する道を歩きたいと願うようになったということです。サンフランシスコで読書傾向が変わっていき、日本から取り寄せた、岡倉天心の『東洋の理想』、『茶の本』、樽井藤吉の『大東合邦論』、宮崎滔天の『三十三年之夢』をむさぼり読むようになっていました。

四月から大学に復学し、翌年、大倉高校に勤務することになりました。学生時代に小さな学習塾をやっていて教育に魅力を感じていたからです。

授業では日本史と世界史を担当しましたが、色んな歴史段階にある世界の国々を見たことが教育に役立ちました。

世界漫遊旅行の途中、インドに詳しい日本人の車に同乗し、ベナレスのはるか遠方の村に行ったことがあります。電灯も水道もなく、牛糞と土で作った小屋に住み、村のほぼ全員が文盲という所でしたが、奈良時代から室町時代の民度レベルをイメージするのに役立ちました。

やはり旅行中にプノンペンに立ち寄りましたが、ベトナム戦争がインドシナ半島全域に拡大し、プノンペン空港にロケット弾が撃ちこまれた直後だったのです。プノンペンの市街で白人兵士がカンボジア人を虫けらのように扱っている光景や、戦時下のカンボジアの庶民の生活の一端を目撃して戦争とはどんなものか授業で教えるとき役に立ちました。

私は一年間の世界漫遊旅行で、白人によって虐げられているアジア人を多数目撃しました。そのたびごとに私の胸に熱いものが込みあげて、アジア人はすくっと立たねばならないと思ったものです。異郷の地を歩きながら、まず、日本人と中国人と韓国人が東アジアの友邦として友情と連帯を深めなければならないと思いました。

大倉高校での人気は上々で、私はソフトボール部の監督になり、日曜日には練習試合や公式戦のため各地を転戦します。早朝家をでて、一ゲーム試合をし、一ゲームは審判をし、もう一ゲーム試合して帰宅すると日がとっぷり暮れていました。

春秋の公式戦のまえに抽選会あります。公立高校と私立高校の監督か顧問が出席するのですが、総勢五〇人近い数です。抽選結果が発表になったあともすぐ帰るわけではなく、懇親会、つまり酒席が用意されているのでした。

大倉高校のグラウンドを使っている部活に野球部、ラグビー部、陸上競技部、サッカー部、ハンドボール部、ソフトボール部があるのですが、三つの学期の中間に懇親会がもたれます。監督・顧問が顔を合せてグラウンド使用の加減調節をしたあと、酒を飲む懇親会になるのです。

私の村には係分担があります。父が早く病死したために私は高校をあがった年から消防団員、道路委員、自治会員、水道委員の任に就いてきましたが、それらは酒と分かちがたく結ばれているのです。たとえば消防ですが、毎月消防ポンプをつかって一時間ほど演習し、そのあと二時間ていど酒を飲むのです。私たちの村は飲むことと酔うことに超寛容で、村びとがふたり以上、顔を合せると、まず一杯飲むということから始まります。

私が社会人になったのは昭和四四年からですが、そのころ教壇から生徒たちの顔を眺めて憂鬱そうな者がおれば、同和地区の子どもか在日韓国人の子どもだと言われていました。顔に現われるほど生活が困窮していたということだったように思います。

在日問題に出会う

職員室にいると大倉高生の情報が届きます。在日生徒にテストのまえの夜、夜中の一時二時までいやがらせの電話をかけてきて勉強の邪魔をする者がいたとか、学校の下足箱から韓国人は死ねと書いた紙片が出てきたとかの情報ですが、素人同然の私はどうしていいのかわかりませんでした。授業とソフトボールに打ちこんでいるだけで生徒たちの問題に切りこむ技法などもっていなかったのです。

初年度の学年末に成績会議があり、在日韓国人生徒の問題に出会いました。同一の高校入試の門をくぐってきたのに、日本人生徒にくらべて韓国籍生徒は留年率や中退率が異様に高いことを示す資料に遭遇したのです。職員室には多くの人権がらみの情報が舞いこみます。母子家庭や父子家庭、身体障害、家計困窮…という多様な問題のなかで私が在日韓国人に鋭く着目したのは一年間の世界体験で外国人として苦しい思いをしてきたからでしょう。

一年目の終わりには私は、韓国籍生徒がきょくたんな苦痛と不利益をこうむっているのは誰の目にも確かであり、社会にも学校にも韓国人高校生につまずかせるような冷厳な障壁があるのだろうと思いました。当時、同和対策事業特別措置法という時限法が施行されていて、自分の責任でないことによって苦痛や不利益を受けている者に関心がむかい勝な社会でした。

二年目になり日本史の授業に日韓関係史をはさむようにしました。日本の原始・古代から現代までの歩みを講じつつ、そのときどきの日韓・日朝の両国の関係を詳説することにしたのです。世界史という科目では中国史の位置が圧倒的ですから、朝鮮半島の動きという歴史区分を設けて高句麗→新羅→高麗→李氏朝鮮→日韓併合を授業内容にします。

投げ入れ教材的に、母国語を知らない韓国籍生徒と隣国語に無関心の日本人生徒に李朝第四代の世宗が制定したハングルをつかって品物の名前を書かせてみることにしました。

私が韓国・朝鮮に傾斜していくつれ、韓国籍の子が私にこころを開くようになってきました。放課後、生徒が職員室に遊びに来て私に話しました。以下はその要点です。

中学生のとき、担任の先生に韓国人だと言ったのに先生は知らん顔をしたのですごく腹がたった。学習塾でも友だちに部屋に入れてもらえず、廊下に座りこんで授業を聴いていた。学校でもプリントを回してもらえず宿題をすることができず行事案内も親に伝えられなかった。高校生になってから民族学校へ進んだ同級生とならんで歩いていたとき、同級生が韓国語で話すと、日本人から「こいつ韓国人だ。汚い言葉を使っていやがる」とどなられた。町に一軒だけ本名の表札をあげた韓国人の家があるけれど、その家まえを通るとき尊敬を感じてしまう。小学校の一、二年ごろまでは国籍にコンプレックスをもっていなかったから、自分は韓国人だと平気で言ってきた。

古い世代の平等観

右のようなことを話し、すっきりした表情で帰っていくのです。

二年目の一学期末のことです。学級担任が三者懇談会を開いていて忙しさが伝わってくるけれど、非担任は暇であるし、期末まで大過なく来られたという安堵も手伝って、私は教頭に大倉高校における韓国籍生徒の問題をぶつけます。

「いやぁ先生。うちの学校に民族差別はありませんよ。本校では憲法が定めている法の下の平等の精神で日本人と韓国人をまったく同じように扱っています。先生は新しい人だから分かりづらいでしょうがね、みんな仲良くやっていましてね」

と教頭は破顔一笑しました。これは、学校の内外で韓国人の大倉高生が体験してきたつらい出来事を述べたあとの返事です。

海千山千の教頭とアメリカ帰りの正直者が論争しているというので、職員室から数人の非担任が集まって来ました。定年前の老教師が、

「教育の場に韓国人の問題を出すのはまちがっているわな。韓国人は教育の問題ではないわな」と言い放ち、私を睨みつけ、奥の席にもどっていきました。

教頭が「日本人と韓国人をまったく同じように扱っています」という考え方の背後には、日韓条約が締結された昭和四〇年に都道府県教育委員会に出された「日本人子弟と同様に取り扱う」という文部次官通達が控えているのでしょう。それは、戦前、韓国を植民地にした時代の日本人の意識をぬぐい去る努力をしていない、いわば新たな同化主義だと私は思うのです。

大倉中学・高校は私鉄が出資し、就職実績を売り物にした私学であるためになにかにつけ微温的で、韓国人生徒の教育もおざなりにされてきたようです。教頭と私が意見をぶつけあっている所に集まってきた教師たちが納得したことがあります。学校の内と外で、韓国人生徒たちが苦労をかさねてこころが屈折していくのだから、学校の教師はむしろ子どもたちが韓国・朝鮮人であることを隠してあげるべきだという結論になったのです。

夏休みは毎日のようにソフトボール部の練習があり、盆まえに合宿がり、練習試合がありましたが、一日も休まず部員とともに汗を流しました。部活のない日には同僚の家を訪問し、学校教育のことを教わりました。

大倉高校では二学期から三学期にかけて韓国籍生徒のからむ問題が起きました。

母子家庭の女子生徒の母親から電話がありました。若い男が学校に来て娘に「母親の居所を言え」と迫っても口外するなと伝えてほしい、という内容でした。若い男というのは娘(大倉高生)の友人ないし恋人ではなく、母親の情夫であることも、母親が逃亡中であることもわかってきました。結局、若い男が昼休み中に大倉高校に入り、結果的に若い男が母親の居所を知りましたが、若い男も女子生徒も韓国籍でした。

この件には後日譚があり、母親と若い男は正式な法律婚となり、若い男が娘の三者懇談会に保護者として出席しました。

警察署から生徒指導部に電話がかかってきました。大倉高校の女子生徒がスーパーで窃盗したというのです。万引きや窃盗は珍しいことではなく、部長教師がもらいさげに行ったら、レジのアルバイトで友だちの商品は三分の一ほど売上げ品として通さなかったというのです。この生徒は韓国籍であり半年もまえからアルバイトでレジを担当してずっと友だちの買上げ品から金を取らなかったのです。

日本人の思考にある隘路

秋に体育館の裏で流血のケンカがありましたが、その一人は韓国籍でした。また冬休み中、男子生徒が教員の胸ぐらをつかんで唾を吐くという事件がありましたが、在日生徒が起したものです。右の出来事から大倉の教師たちは、韓国人はやはり特別に難儀なやつらと再認識したようです。

学年末に成績会議が開かれました。

大倉高校の生徒在籍数は一〇八三名であり、そのうち韓国籍は五一名、在日の在籍率は四・七％です。学年末に一年で八名、二年で一一名の原級留置が出ました。卒業ができなかった三年生は七名です。これらの学習成績が振るわなかった二六名のうち在日韓国人生徒は一二名でした。つまり、在籍率四・七％の外国籍生徒が、成績遅進者の四六％を占めているのでした。

家庭の都合や本人の進路変更などによって自主退学という形を選ぶことも多いのですが、こういう件数でも韓国籍が際立って多いのです。

年度末の統計はまだ他にもあります。生徒は喫煙したり飲酒したりして補導されることがあります。賭博やカンニングに関係することもあります。生徒間のケンカ、暴力行為もあとを断ちません。対教師の暴言・暴力も日常的に見られます。

停学処分と退学処分を合計した補導件数は、学校全体で三四件です。そのうち六件は韓国籍が起こしたものでした。

年度末に飲み会にいったとき、私が外国籍生徒の補導件数の多さを話題にすると、デカという綽名のついている中年教師が、太い唇を舐めながら

「日本人生徒は祖先が百姓民族だから手荒なマネはしませんな。やつらはツングース系の騎馬民族の末裔なんじゃ。行動的かつ攻撃的で直情径行なんだな。韓国人生徒が殴ったり蹴ったりするのには生物学的な背景がある。やつらに同情して安易に手を差し伸べたらひどい目に遭うぜ。日本人の亭主と韓国人の嬶《かかあ》という取り合わせがあるけどサ、ケンカになったときの嬶の烈しさといったらないぜ」と言いました。

私は学校にも社会にも在日がつまずいてしまう障壁がたくさんあると思います。問題は日本人側の意識ですが、これがあいまいなのです。日本人は、半島に北朝鮮と韓国という二つの国が並立し

ているることも、かつて日本が植民地にしたことも承知しているし、植民地経営の方法や韓国人への対し方がえげつないものであったことも承知しています。日本に韓国・朝鮮人がたくさん居住していることも承知しています。しかし、そうした知識には往々にして隘路があるのでした。そうした知識がありながら、在日韓国人の多くがかつての植民地支配にかかわって渡日してきた人びと、あるいはその子孫ということが理解できないのです。在日韓国人がフランス人やアメリカ人と同じような外国人であるということも理解できないのです。

大倉高校の三年目もソフトボール部の監督に就きました。ソフトボール部では朝練もするようになり、私も早朝に家を出て朝練でノックをしました。

授業は日本史と世界史が担当で、前者では日韓・日朝の関係史を、後者では朝鮮半島の動きを挿入するように工夫し、私の欲目かも知れませんが外国籍生徒も日本人生徒も目を輝かせて授業に参加してくれるようになりました。私立高校で教研活動する先生がたが私の授業を参観するために来校したこともあります。

在日生徒のために力になりたい

私が授業に行っているクラスでは韓国籍生徒たちが放課後に職員室になにやかやと相談に来るようになりました。あるとき、在日生徒が「顧問になってほしい」と言ってきました。韓国文化研究会を創って在日生徒も日本人生徒も一緒に韓国を勉強していきたいというのです。私は引きうけるか、断るかで迷いましたが、最終的には「我がこころ石にあらず」という心境になっていました。苦しみ悩んでいる韓国人高校生を見捨てられない、彼らの体を傷つければ真っ赤な温かい血が噴きこぼれるだろうが、私にも真っ赤な温かい血が流れているのです。在日生徒のためにすこしでも力になりたいと決意したのです。

日本人生徒も韓文研に入部してくれ、総勢七人で出発しのですが、四〇歳代の木川博という名の英語教師が顧問をしたいと言ってきました。困ったことですが、その人はいわゆるヒラメ教師で理事長派の小物です。大倉中学・高校には幾つかの派閥があり、校内の人事を掌握しているのが理事長派です。

木川先生は韓文研の活動にいつも立ちあうわけではないのですが、姿を見せればメガネのレンズを光らせて観察しています。私も韓文研の方向性をめぐって木川先生の意見を聞かねばならなくなりました。

部員七名のうち、五人が韓国籍ですが、彼らは互いに自己開示して仲よくなっていきます。相互にプライベイトなことを聴きだし子猫のようにじゃれていくのです。また、互いに批判しあうこともあります。明治の初めから日本が半島に進出していく過程の学習会では、驚くほど真剣になります。

私はあらためて日本の学校には韓文研が欠かせないと確信しました。在日生徒の大半の家庭では日本語のみが話されていますし、家庭のなかにも民族性を示す物がありません。韓国料理もほとんど食べないのが普通です。アボジ、オモニは韓国籍でありながら生きていくために蟻地獄に墜ちるように日本的なものをまとっていかざるを得ないのです。

大倉高校には五〇人前後の韓国人生徒が在籍していますが、全員日本名で通学しています。一見したところ、みんな日本人に見えます。しかし、相貌が日本人に酷似していてもまぎれもなく韓国人なのです。日本という集団的同調性の高い国に渡ってきたときから、あるいは、生まれたときから民族性を風化させていく宿命にあるようです。そのためにも韓文研につながっていて、韓民族の自覚を涵養させていくこと必要なのだと思いました。

話が前後するのですが、私は四〇歳代の末期になっても韓文研の顧問でありつづけました。しかし、かなりユニークな顧問です。一般的に韓国籍生徒に愛情と関心をもっている教師というのは、ヨレヨレのジャンパーを着て、左翼的であり、日本の伝統や固有の文化に否定的な人と相場が決まっています。

一方、日本の伝統や固有の文化に大きな敬意をもつ教師というのは、いつも背広にネクタイという風体であり、右翼的であり、アジアの文化や韓国籍生徒に冷淡な人だというのが衆目の一致するところではないでしょうか。以上のことは当たらずと言えども遠からず、ではないでしょうか。

私は韓文研の顧問であることに誇りと使命感をもっています。私は韓国籍生徒にも韓国にも関心をもっていますが、同時に日本の伝統や固有の文化に尊敬の念をもち、服装はといえばいつも背広を着てネクタイをしめているのです。

ソフトボール部と韓文研の両方にかかわって活動していますが、生徒が向上していく姿を見ると生きがいを大いに感じます。しかし、韓文研は二つの瑕疵がある点において順風満帆とはいえないでしょう。

韓国籍の部員が、天下をとったら日本人をやっつけてやるとか、将来、公務員試験に出願して国籍条項の不当性をアピールすることで日本にダメージを与えてやるとか言っているとするデマが大倉高校の職員室にかけ巡るのです。

部室は空き瓶・空き缶で足の踏み場もないとか、火事になりかけたとか、そういうデマも飛びかうのです。半島の歴史や在日の現状を見れば、韓国籍生徒のこころに復讐の怨念が宿ってくるのも無理がないと私は思うのですが、そうした怒り、恨みをバネにして建設的な方向で活躍する人になるように善導していくのが高校教育だと思うのです。

私は木川博先生を疑います。デマの発信源は木川先生でしょう。時どき活動をのぞきこみ、悪意のある宣伝工作をやっているのでしょうが、真意はどこにあるのでしょうか、何のために韓文研にかかわっているのでしょうか。こういう指導層における分裂がひとつの瑕疵です。

韓国語を読めて話せること

在日生徒にとってなにが大切かといって、母国の歴史を学ぶことと韓国語を読めて話せるようになることです。大倉高校の韓文研活動では、韓国語を読み話すということができていません。一般的に教師の力量には限界があり、教員数にも限度があるので、指導を要する領域においては一般市民で専門的な技量をもっている人に大倉高校に教えに来てもらえば問題が解決するのです。現に華道部では家元に来校ねがって部員に指導してもらっています。しかし、こうした外部講師ないし外部指導員に対して教員は拒否反応することが多いのです。つまり、本校教員のかかわらない所で、生徒たちがあらぬ方向へ行ってしまうのではないか、外部講師と生徒が必要以上に緊密化するのではない、という不安がふくらむのです。そういう事情があるために、大倉高校の韓文研に韓国語をたくみにあやつれる人に教えに来てもらうことが難しいのです。韓国語を読み話せる部活でないところに韓文研のふたつ目の瑕疵があります。

私は韓国語の勉強を思い立ちましたが、英語、フランス語、ドイツ語、スペイン語、ロシア語の教室が街角にあるのに、韓国語を教えてくれる教室がまったくありませんでした。韓国語を自修しようにも教科書がないのです。困っていたとき、夕刊で朝鮮初級学校が、夜間にハングル語講座を開くことを知りました。日本人でも受付けてくれました。教えるのは初級学校の先生で、教えてもらうのは在日韓国人三〇名ほどの人たちです。そこへ私が飛びこんだわけです。みんなと一緒になって、私はア、ヤ、オ、ヨ、オ、ヨ、ウ、ユ、ウ、イと発声し、文字の綴り方も頭に入れました。通っているうちに先生がビラを配るようになりましたが、北朝鮮の金日成を賛美するものでした。私は嫌になり、夜間講座をやめ、必死になって他の韓国語教室を探しました。

話が前後しますが、現在では韓国語は楽々と学べます。ＮＨＫに韓国語講座がありますし、ちょっとした町にも韓国語教室がひらかれています。

当時、手を尽して探したけれど、韓国語を教えてくれる教室も人もありませんでした。しかし、幸いなことに朝鮮大学校が編集したカセットテープと教本を入手することができました。テープが磨滅するまで、くり返し再生しながら私も発声します。語彙も雑記帳に写して頭に入れます。毎日、ハングルで日記をつけます。職場の昼休みにもハングル本は辞書をひきながら読みます。くり返しくり返し教本を朗読します。文法上の法則をノートに筆写します。

私には日本人には日本的な勉強法が適しているという確固たる信念があります。いまどきの日本人は勉強するときにソファーに腰かけて足を組んだりします。その場合、ガムを噛んでいることもあります。そして視覚によりかかって黙読しながら教科書にマーカーで色を塗ります。こういう調子の勉強法は母集団において上位一〇パーセントぐらいの頭をもっている場合にかぎって有効でしょう。

日本的勉強法では、まず胡坐でもいいから机のまえに座ります。ガムを噛むなどというのはもっての外です。そして、大きな声で、堂々と教科書を朗読するのです。「読書百遍義自《おのずか》ら見《あらわ》る」の格言にしたがって朗読をくり返すのです。くり返して音読していれば、音声が脳に刺激を与えることによって気分がよくなってきます。教科書の意味の分からない箇所も、朗読をくり返しているうちに、少しずつ理解できるようになります。

私は会話の重要な構文は暗誦しました。文法上の法則や語彙は、ノートに楷書のような字で筆写しました。暗誦の練習や筆写も気分をよくしてくれました。

三年の学級担任になる

大倉高校の四年目にいきなり第三学年の学級担任ということになり、ソフトボール部の監督業も多忙ですが朝練にもつき合います。

初夏のころから私のクラスは評価が高まりました。遅刻や欠席が少なく、授業もしやすいと教科指導の先生がたが言いだしたからです。六月には体育大会がありましたが、私のクラスは、縦割り連合でリーダーシップを発揮して優勝に貢献しました。韓文研でも韓国語の初歩的なことを教えられるようになって雰囲気が良くなりました。

四月から卒業後の進路を考えさせてきたのですが、私のクラスは、大部分が就職を希望し、少数の者が進学を希望しています。就職か進学かを決められない子がいちばん問題です。そういう子が四、五人もいます。全員が女子です。クラスのなかでも目立たない、特性のない子たちですが、個人面談でも三者懇談でも進路希望がはっきりしませんでした。企業からの求人票を公開する段になっても就職したいのか進学したのかわからないのです。

就職するのならいよいよ受験したい企業名を選定する日が近づいてきました。まごまごしている未決定の子に訊くと、両親は短大へ行きたいのなら行ってもよいと言っているそうです。進学に踏みきれないのは果たして短大に合格できるかわからないし、あまり勉強もしたくないからでもありました。

就職試験は一斉に行われました。授業にならないほど公欠の多い教室で、就職か進学かを決められなかった数人が動揺していました。しかし、その日の夕方までに全員が進学したと言ってきました。私は短大とは同世代のなかでももっとも覇気のない連中の行く所か、と思いました。

ソフトボール部の朝練のノックでは思う所にボールを飛ばせて快調ですし、部員の守備ワークもいい。土曜の夕方に家に帰ってから韓国語の勉強に明け暮れます。机のまえに座って教科書を朗々と朗読すること五〇分。文法上のルールをノートに筆写すること五〇分。それから入浴と夕食に約一時間を使いました。

夕食後も韓国語です。一生懸命に必死にハングルを覚え、カセット・テープを使って発声を練習します。それが終ってから会話場面の重要構文を暗誦し、韓国語の新聞も辞書をひきながら読み、寝るまえにハングルで日記をつけました。

日曜日、よその学校の在日に関心をもつ教師五人とハイキングに行きました。この人たちは、いつも在日韓国人の歴史にとっては忘れられないトンネルとか鉄道の線路とか山寺とかを見学しているらしいのです。山寺に行くのは、朝鮮鐘が目当てです。朝鮮半島で、朝鮮の銅でもって、朝鮮の職人の技で鋳られた梵鐘《ぼんしょう》に対面しに行くというものです。半島から渡来した鐘は日本全国に五四個あるといいます。

ハイキングは夕方解散し、私をふくめて三人で酒を飲みに行きました。

月曜日から期末考査が始まったのですが、初日、韓文研の部員がカンニングで補導され、その日の午後、にわかに開かれた補導会議で私は韓文研の顧問として部員の性行を話さなければなりませんでした。

停学期間中、木川博先生が色んな準備室をまわって、「韓文研では反日教育なされており、今回のカンニングも日本の法は破ってもいいという教えに従ったもの」と言いふらしています。家庭謹慎の処分になれば、部活顧問も家庭訪問などをしてきめこまかな指導に入るのですが、やる気を喪失させている私は電話で済ましました。

　停学中にある同僚と喫茶店で話をしました。韓文研の部員のカンニングを摘発したのは数学科のW先生ですが、同僚は「W先生は韓国人に敵意をもっているのだよ」と言うのです。W先生の姉さんの夫が在日韓国人で、姉さんは夫の不誠実から離婚された、と耳打ちするのです。それが背後にあって、W先生は特定の在日に対してではなく、在日韓国人というものに厳しい姿勢をとっておられ、その証拠に学年末に在日生徒の単位を不認定にされることが目立つよ、と同僚がささやくのでした。日本人生徒のまぎらわしい行為なら、見て見ぬふりをされたように思うと同僚が言うのでした。

　その日の午後、平静でいられなくなりました。帰宅途上、街の立飲み店で冷酒をあおり、夕食後も胃袋が裂けるほど飲みましたが、いっこうに酔えず、未明まで眠ることができませんでした。

　一二月からソフトボール部はシーズン・オフに入っており、練習も試合もなくなっています。カンニング行為によって謹慎処分を受けた子も停学が解除されて、登校してきましたが、韓文研の部員の大半から明朗闊達さがなくなってしまいました。

　私は、新年になってからも韓国語は懸命に勉強していますし、部員にもハングルを教えていますしかし、学校が厳寒に凍りついた二月初旬に、韓文研の黒熊のような巨体の男子部員が新人の小柄な教師に、

「可愛がってあげようか。僕ちゃん金玉もっとるんかいな」と指をぽきぽき鳴らせながら威嚇する事件が起きました。この子は韓文研に入部するまえにも二度にわたって暴言で補導されていて、先生がたは教育的に改善されていないと怒りました。訓告で終わったのですが、私には在日をめぐる

問題について相談が可能な人が大倉高校にはいませんでした。また、同僚の私にむける目は冷たくなる一方です。

年度末にむかって私のクラスも韓文研もソフトボール部も糸の切れた凧のように流され迷走していきました。三月に退職願を出し、大阪の清友高校に勤務するようになりました。

女子高で心機一転

清友高校は昭和一六年に私学として設立され、昭和三一年に大阪府八尾市に移管された公立の女子高校です。クラブ活動が活発で放課後にはグラウンドから元気のいい声が聞こえてきます。この学校には韓文研がなく、熱心な監督・顧問に指導されたソフトボール部は強豪として知られています。学年六クラス、一クラス四五名編成で、生徒の進路に関していえば、六〇パーセントほどが就職し、四〇パーセントほどが専門学校、短大、大学に進んでいます。

大倉高校に数年間勤務した私が清友高校に移ってきて学校の活発さに瞠目しました。

組合の分会も活発で、毎日のように会議室に集まって昼食を食べながら分会会議をやるのです。そこに叩きつけられた火のような意見が分会機関紙に載り、その日のうちに組合員に配布されるのです。学校全体に人間であること、教師であること、労働者であることを一体化させようとする熱気が渦巻いています。

一年目の秋、集中講座と体育祭と文化祭に仰天しました。

集中講座の設定は昭和四四年二月、三年生の有志が校門で三日間にわたって配ったビラに起因しています。初日のビラは「清友の同和教育は私たちの生活の問題を十分にはとらえていない」と書いていました。二日目に「清友の同和教育は部落問題が私たちの生活とどうかかわっているかを教えていない」と訴えました。三日目のビラは「卒業直前の私たちに、清友の同和教育は社会でどう生きるかの展望を与えていない」と主張しました。

この有志の行動は同年一月に全共闘が立てこもっていた東大の安田講堂が落城したことに影響を受けたものでしょう。ビラの痛烈な批判を重く受けとめた清友の教師たちが、二〇時間の集中的な部落問題の授業をやりきって卒業させたそうですが、講座はその後も継承されて学校の屋台骨になっていったのです。

今年の集中講座も三学年がそれぞれ独自に創りだし、担任や非担任が人権問題を二日間にわたって教えましたが、生徒たちもやる気を見せていました。

男女共学校では女子は男子に依存し、自立心に欠ける女になっていく、ということを学んだのが清友の体育祭と文化祭です。体育祭は縦割りで応援合戦をくりひろげ、高校生活のハイライトになっています。大がかりな看板を製作するのですが、女手一つでやりきらねばならないのです。清友の女子生徒は、だれでも材木をノコギリで器用に切断し、ペンキを巧みに塗りたくって造った大デコレ看板をヒマラヤ杉の梢に括りつける荒業が平気でできるようになるのです。

清友の文化祭は演劇部門を偏重していますが、出来栄えが高校演劇のレベルをはるかに越えています。文化祭二日目の午後、参加作品のなかから優秀賞と最優秀賞を発表するのですが、最優秀賞の劇だけは夕方に卒業生・教職員・父母・在校生のまえでアンコール上演されるので、三年間に一度だけでもグランプリの栄誉に輝きたいと皆が皆思うのです。審査員がリアリズムを重視するので、あるクラスは台本にあるカエル五匹を紙製にせず実物にすることを思いつき、池でつかまえてきたまでは良かったのですが、公演中にカエルが舞台から客席にぴょんぴょんと逃げてしまった劇もありました。

そういう失敗や成功を糧として女子高の生徒は一回りも二回りも大きな人間に育っていくのです。男子に臆しない、男子に伍していく、真に男女平等の名にふさわしい女子になりたければ、女子高に入学して三年間大デコレ看板をヒマラヤ杉の梢に括りつけ、グランプリを意識した舞台から客席に逃げたカエルを追っかける苦労を積むことです。

清友にきた年度に私が結婚して一年後長女が生まれます。

清友で学級担任になる

清友での担任を始めるにあたって私は決意しました。賢くたくましい生徒にするために自分のすべての力をぶつけよう、支えあい励ましあい力になりあう関係を無数に校内に創ろう、と。苦しくつらい環境に身を置かなければ物が見えないだろう。自分を追い込まないと正しい思慮分別も理想も信念ももてないだろう。そう思った私はソフトボール部の顧問になりました。懸命に汗をながす自分をイメージし、なにもかも今日一日だけ、というこころ構えでやっていこう。

一年目の終わりに新一年の担任団候補として、六名が数回、論議し合意事項を創りました。すなわち、①集中講座では「女性の生きることと働くこと」をテーマにして、生徒たちに現代社会でどう生きるかという展望を与える。方法としては生徒たちを活動させる。②六クラスに同一の学年としての自覚をもたせ、またクラス内の矛盾を顕在化させるために、年に三回、学年コンクールを三年次まで実施する、というものです。クラスの代表、書記、会計によって、学年のリーダーである学年委員会を創設し、生徒による学年自治をめざすことになりました。

夏休みに担任団から一年生全員に課題をだしましたが、父母の労働についての聞き書きです。一七〇〇字ほどにわたって、「親の労働から学ぶ」との内容でした。担任会からは、父母に向け、次のような学年通信を出しました。

お嬢さんに生活のこと、労働のことを話してあげてください。私たち教師は、お嬢さんに女性としてたくましく生きて欲しいと願っています。けれど現実には、たくましく生きることを困難にしている様ざまな壁があります。その障壁はどんなもので、それが何のためにあるのか、また、それによりどれほど女性の権利が破壊されているかを学ぶことにより、「働くことの意味」と「女性が生きることの展望」とを教師も生徒もともに学び合いたいと思っています。

一方、私は学年委員会の係ということでリーダー生徒と緊密な意思疎通を図らなければならなくなりました。学年委員会が学年コンクールを企画・立案し、実施していくのですが、第一回として、遠足で訪れた山の頂上でコーラス・コンクールを行いました。

しかし、山頂で問題が発覚しました。担任が過熱し、遠足が近づいてくると自分のクラスに早朝登校を命じ、音大生に依頼して自由曲と課題曲の歌唱を特訓させていたのです。つまり、歌唱を競うまえに差があり過ぎるのです。それでも委員会が担任たちをなだめて、コンクール結果の一位から六位までのクラスを決め、委員長が生徒たちに順位を発表したのですが、自分のクラスが最優秀だと信じている担任が結果を受け入れられないのでした。付き添いで来ていた校長が、一位から三位までのクラスに表彰状を手渡すことになっていたのですが、その段に及んでまたぞろ悶着が生じました。

委員会が松の木の枝に景気づけのために画用紙に描いた星条旗や日の丸をつるしていたのですが、五位と六位のクラス担任が、怖い顔で日の丸を指さして、「日の丸は軍国主義のシンボルだ」と生徒たちの面前でわめいたのです。日の丸がけしからんというのですが、画用紙に描いた一枚ぽっきりです。生徒たちはポカンと口をあけて教師という難治性の人種を見てとって、この先思いやられるわ、と思ったでしょう。卒業するまでの三年間に九回の学年コンクールを実施しましたが、私は百人一首源平合戦、四五人リレー競走など担任があまり一喜一憂しない種目にするように気をつかいました。

九月になって生徒たちが聞き書き「親の労働から学ぶ」を提出してくれたので、まず私たち担任が読みました。父母が子どもに語っているわけですから、真剣かつ熱心に働いたと強調することが多いのはやむを得ない。が、同時に娘に聴かせたほど真剣かつ熱心に仕事に打ち込んできたのなら、みんなが松下幸之助のようになっていたことになると思われるのでした。実際の親父というのは会社や上司の悪口を言いつのって生き、夕食後は安酒を晩酌してテレビのまえに寝込むのでしょうが、娘の聞き書きにはそんな姿は出ていません。しかし、夏休みに高校生が両親と向きあい、人生や労働などについて語りあったのはとても貴重なことだったようです。

集中講座から社会を学ぶ

秋が深まりました。集中講座を意識して女性にとっての典型的な職業として看護婦、保母、小学校教師を選び、それぞれに生徒たちがインタビューに行く訪問班を決めました。放課後に佐伯産婦人科医院、曙川《あけがわ》小学校、刑部《おさかべ》保育園にメモの用意をして訪問し、看護婦さんや保母さんや小学校の先生から生活や仕事にかける思いをうかがいました。いわば女性としての先輩たちが異口同音に、「働くには健康であることが何より大切だわ。仕事は厳しいけれど給料をもらってこそ子どもを育てることができ、愛する人と暮らすことができるんです。十分に働けるようになるためには高校時代にスポーツや勉強やクラス活動に燃えるべきだわ」

と語ってくれたのです。

インタビューから得た感想などは生徒たちがすぐ同級生たちにしゃべり学年に浸透していきました。親や教師が口が酸っぱくなるほど勉強しなさいと言っても効果がないのに、キャリアウーマンからの助言には傾聴するのでした。

生徒たちをパートタイム、内職、若年退職制、共働き、聞き書きに現われた家庭の実態、保育所問題のどれかの班に編成しました。それにつれ、図書館で調べたり、詳しい人に聞きに行ったりするようになってきました。

本番では私は育児天職論・家事労働天職論というものがあり、それが動因となって若年退職制、出産退職制、結婚退職制が生みだされている、と話しました。さらに男性による女性観、経営者の女性差別政策、身体的な差異、女性自身の自覚の欠如も影を落としているのです。学年末を迎えましたが、私のクラスは全員進級することができるようになっただけでなく、クラス全員がすべての科目単位を修得して清友高校で大きな話題になりました。

私自身も清友に赴任してから人間として、あるいは教師として、また労働者としてひと回り成長したと思います。それを可能にしたものは、清友に根づいている相互批判の伝統であり、安楽を貪ることを排除してきたのでしょう。

文化祭で優秀賞の受賞

四月に二年の学級担任になるとともにソフトボール部の顧問も継続しました。朝練のノックでは快音を響かせ、三遊間や二遊間の連係プレーと走塁法を教えたりします。

二年から三年へはクラス替えがなく、私は責任を感じるとともに意気込みました。

私は、九月末に予定されている文化祭でグランプリを獲ると色んな場面で言いました。担任会でも三者懇談会でも大っぴらに宣言しました。学校に出入りする書店の販売員にも約束しました。私が学級担任をしているクラスで獲得しようと訴えたところ、生徒たちはいっせいに立ちあがって両腕を天井に突きあげ、「わぁ、獲ろ、獲ろ。グランプリや」とか「アンコール上演になったら主演やるでぇ。任せてやぁ」とか叫んで抱きあいました。

団結力があり、自由でしなやかな発想ができて実行力に優れている、というのが最優秀賞を受賞した歴代のクラスの共通点です。私たちのクラスは勉強にも部活にも自治活動にも燃えていこう、かつてグランプリを獲ったクラスのように学校のリーダーになっていこうと教壇から私が叫びました。生徒たちも口々に、

「異議ナシ」と応えます。アンコール上演がすぐそこまで来ている気がします。

私も生徒もあまりにも嬉しいというか意気投合したので、手を取り腕を取り、肩を叩きあいました。それでも足りずに前の子の両肩に手を置き、後ろの子が自分の両肩に手を置き…四六名が一匹の大きなムカデになって教室は床板を踏み鳴らして練り歩きました。両隣の教室の先生がドアから首を突っ込み「うるさい」と眉を顰めましたが。

さっそく班長会で、文化祭の取組みを通してクラス集団を創りあげる方針が了承されました。ある班長は吉岡明美を話題にしました。吉岡という子は二年になんとか進級できたけれど、一年次に欠席日数のものすごく多かった生徒です。中学校もむやみに多く、小学校でも目立ったという子です。両親はごく普通の人で平凡な家庭ですが、娘が中退しそうで両親も悩んでいるのです。吉岡明美について三月にクラス分けがあったときから担任として頭を痛めてきました。二、三人の班長たちが、

「グランプリを獲るほどのクラスになって明美が進級し卒業していくようにしよう」

と言ってくれました。私は班長たちにグランプリを獲った劇の共通点は、若者たちが困難にくじけず目標を貫くというストーリーだと教え、劇の原作になるような作品を探すことになりました。

その後も班長たちが、吉岡を支えてくれるのですが、彼女の欠席日は非常に多い。どの高校でも出席すべき日数の三分の一以上を欠席すれば原級留置になると定まっています。

七月初旬に劇は細井和喜蔵の『女工哀史』をベースにして若い女性の労働を劇化することに決まりました。一週間後のクラス総会で山本茂美の『ああ野麦峠』を脚色するように具体化されました。『ああ野麦峠』は飛騨出身の一三歳前後の娘たちが、標高一六七二メートルの吹雪の野麦峠を命がけで越えて、信州の岡谷や諏訪の製糸工場で日に一三時間から一四時間働いた事実を描破しています。この本から我がクラスのシナリオ「血と涙の告発」が生まれました。そして班長会が主役の一人に吉岡明美を起用したのです。

夏休み中もキャスト係が稽古で登校し、その横で大道具係も吹雪の野麦峠や製糸工場の器械を創りだします。しかし、吉岡明美は班長たちに頼まれても稽古を休むことが多いので、いつも代役が立っていました。九月になって教室に野麦峠や製糸工場がもちこまれて山奥の飯場みたいになりました。

清友祭の初日、午後一時が開演と決まっていましたが、吉岡明美は一二時半になっても姿を見せませんでした。クラスの全員と私は気が気でなく、校門まえに出ていました。すると一本道から人影がゆっくり近づいてきました。それが明美で無理やりメークアップさせ、間一髪ですべりこむことができました。

二日目の午後、審査委員会が演劇部門の参加一二クラスから優勝賞と最優秀賞を発表しました。我がクラスの「血と涙の告発」は優秀賞受賞でした。生徒たちは喜びを爆発させます。跳びあがる者、バンザイをする者、泣く者などみんな感極まっています。最優秀賞は若者たちの苦悩を描く「渡れ！　青春の河を」に輝きました。私たちはアンコール上演の栄誉を逸しましたが、後悔することなく、その後クラスの団結がいっそう深まりました。何より嬉しかったことは、吉岡明美は文化祭が終ってから欠席日が大幅に減ったことです。

二年秋の集中講座はテーマが「主権者への道」であり、民族差別・部落差別・女性差別・思想信条による差別・教育における差別を学習しました。そして学年末の進級判定会議で私のクラス四五名が全員進級したのです。吉岡明美の進級が決まった成績会議の夜、私は涙を流しました。班長会の二、三人も私に電話をかけてきて級友を案じてくれていました。それだけでなく全員がすべての科目の単位を修得したので、同僚たちが「奇跡だ」と驚きました。このおめでたい日、私は一生懸命にひとつのことを求めて、みんなで手を取りあって精進していけば必ず報われるものだと確信しました。

支えあい、励ましあい、力になりあう関係を

いよいよ最上級学年になりました。
いよいよ進路を実現する年になりました。

四月の始業式で、生徒たちを賢くたくましい女性として世に送りだすために、私は最後の力をさげようと決心しました。支えあい励ましあい力になりあう関係を学校の内外に無数に創りだしてやるぞ。大望も一歩一歩からだ、今日一日だけに生を燃焼させていこうと思いました。

三年の教師は多忙で、修学旅行も用意しなければなりません。話が前後するのですが、二年生の一月に生徒の修学旅行委員会が発足していました。

各クラス二名から成る委員会が企画・立案し、実行していくのですが、二年末までにあった会議で平戸→長崎→島原→阿蘇というコースを四泊五日間でまわることが決定していました。修学旅行委員会にはなぜか威勢がよい生徒が集まったようで、「どえらいことをやらかしたい」気持ちをもっていました。委員たちは数回の会議では従来の枠にとらわれず、世間にアッといわせるような内容にしたいとする考えを秘めていたのです。

担任会も春休みに合宿をもち、長崎市で平和学習をやろうということになりました。長崎市を訪れ、原爆資料館で当時の資料を見学し、被爆者の体験談を聴き、平和公園に移り、平和記念像のまえで鎮魂のセレモニーを捧げるという具体案がだされているのです。

新学年がスタートし、私は目が回るように多忙です。

朝練に立ち会い、ノックの雨を降らせ、個人面談を進め、学年委員会を指導・助言をし、問題を抱えている生徒には夕食後に家庭訪問をするからです。保護者は共働きをしているケースがあり、そういう家庭では親は午後八時以降でないと帰宅せず家庭訪問の時刻も遅くなります。四月早々、四五名の生徒の約半数を各種の委員につけました。二年次に発足した修学旅行委員、歴史学習委員、平和学習委員、四月に再スタートした学年委員会、歌委員、ファイヤーストーム委員、アルバム委員がそれで都合二二名にのぼりました。

また、担任会から生徒たちに読書の課題がだされました。林京子の長崎での被爆体験を小説化した芥川賞作品『祭りの場』を全員が読むというわけです。

私の提案で、平和学習の事前学習として映画「はだしのゲン」を鑑賞することも了承され、私ともう一人の担任が梅田の映画会社まで同作品の試写に行きました。生徒たちが一〇日後、清友の講堂で映画「はだしのゲン」を鑑賞しました。

「はだしのゲン」を見て　　三年一組　　山下真由美

はだしのゲンの一部では戦争中の生活、そして原爆の破壊力のすさまじさ、悲惨さがすごくあらわされていた。二部では原爆が投下されたのちの生活、被爆者の訴えなどが中心にされていた。

まず一部では、ゲンのお父さんにすごく共感を覚えた。とてもすばらしい、立派な人だと思った。日本国中が、軍国主義に染まってしまって、世間の人びともそれが当たり前のことのように信じこまされている中で、本当に自分の意志をもち、正しいことを正しいと言える人は数少ない。そんな中で人びとにどんなに非難されようとも、戦争に反対したゲンのお父さんはすばらしい人だと思った。世間の人びとはゲンの一家に冷たくあたるので、私はそんな人びとをとても憎らしく思ったのだが、でも、もし私がその時代に生まれていたら、やはり世間の人たちのように戦争を当然のことのように受けとめ、戦争に反対する人を非国民と思ったかも知れない。そういうふうに学校でも教育され、上から信じこまされるのだから。国民の一人ひとりがゲンのお父さんのように善悪の区別がわかり、それを批判できるようになった時こそ、正しい世の中が生まれるのだろう。

そんな日本に原爆が落とされた。何もかもが一瞬のうちに焼けはてた。数十万の人が死んでいった。草も木も建物も崩れはてた。ゲンのお父さんも姉も弟も建物の下敷きになって死んでいった。救うことができなかった。その日、お母さんは妹を出産した。多くの人びとが死んでゆく中で一人の生命が生まれた。神秘さを感じた。とても感動した。

二部では、そんな中で、大人も子どもも必死で生きてゆく姿に感動した。あんな小さな子どもでも生きてゆくために、一生懸命食べ物を集める。いろんな知恵を働かせて、いざとなればどんな事でもできるものだと思った。そしてお米一粒にしても、その時代にはどれ程貴重なものか、ひしひしと身にしみてわかった。それから原爆をあびたゲンたちに対しての世間の冷たさなどが…。悔しくて涙がでた。でもそんな中でゲンたちは強く生きた。七五年間、草も木も生えないと言われた広島に麦の芽が出たときゲンたちは、それに希望をたくした。希望の芽だった。

原爆が落ちて三二年経ちました。もちろん、私は生まれていませんでした。でも日本人に生まれたかぎり、その事は知っておかなくてはならないことだと思います。そんな意味で、はだしのゲンを見て、本当に良かった、と思ったのです。

ゲンを見てから、以前は漠然とした意味でしか知らなかった原爆のことを私も深く考えるようになり、見方も変わってきました。戦争に対しても、深く考えるようになりました。二度と戦争なんかしないでほしい。原爆なんて恐ろしいものを、もう使わないでほしい…。みんなで力を合わせて、反対できるようになりたいと思います。それから、はだしのゲンのようなすばらしい映画を、世界中の国、特に、核をもっている国々に、見てもらいたいと思います。

長崎で平和への誓い

五月二六日に大阪を発ち、同夜は平戸に泊まりました。二七日は移動で、二八日に長崎で平和学習をやって島原に二連泊。三〇日は阿蘇を訪れ、三一日夕に帰阪しました。やはり生徒たちには長崎での平和学習が強烈な思い出として、若いこころにいつまでも残るものになったようです。

原爆資料館では、当時の資料を見学し、息をするのも忘れました。さらに同館で、被爆体験者の谷口稜曄・長崎原爆青年乙女の会会長と小佐々八郎・長崎原爆被災協会長から被爆の体験を聞き、言葉を失いました。このあと、平和公園に移り、平和記念像にむかって構成詩「平和への誓い」を全員で唱和しました。

構成詩は「平和への誓い」と題し、原爆詩人の峠三吉の詩や「長崎の鐘」「原爆許すまじ」の歌など、清友生たちが創作した詩を組みあわせたもので、全文二一六行になっています。「私たちは長崎へ来た。戦後はや三二年。本当に平和なのか」と問題を提起しました。「長崎に原爆投下。体がやけどでずるずるに赤むけになった人が、今にも死にそうな叫び声をあげている」「広島で二五万の、長崎で一五万の人びとが死んだ。三二年を経た今、被爆者の苦しみがつづいている」と訴え、「人の子よ！　自らの手で滅びるな。被爆者の叫びを、被爆者の叫びを本当に受けとめる政治が実現することを祈る。私たちは悲惨な出来事を絶対にくり返さない」と誓いました。

そのあと、みんなで折った千羽鶴をささげました。

清友高校の修学旅行はマスメディアにも注目されました。五月二六日付の読売新聞河内版は二五〇〇字ほどを使い、出発前に構成詩の練習をする生徒たちを写真入りで報道しました。五月二八日にはＮＨＫが午後七時の定時ニュースに平和記念像まえで原爆詩を唱和する生徒たちの光景を紹介し、五月二九日に毎日新聞長崎版が「原爆詩で慰霊」、「平和への誓い新た」「被爆者のナマの体験聴く」という見出しで、五千字ほどを使って詳報してくれました。

三年生たちは秋の体育祭や文化祭でも縦割りのリーダーとして奮戦してくれましたが、応援合戦や演劇のレベルは近年にない高いものという評価を審査委員会から受けました。

秋の集中講座は「水平運動の歴史」がテーマで、民間企業を受験するときに存在する社用紙と統一用紙の意義を学びました。部落をなくそうとした先人たちの歩みを四時間にわたって勉強し、生徒たちは、「部落解放なくして、民主社会はありえず、民主社会の実現なくして、すべての差別はなくならない」ことを確認しました。

入学生を迎え入れたと思っていたらアッという間に三か年が経ちました。

卒業式会場から教室に戻り、私も卒業していくみんなにはなむけの言葉を贈りました。魯迅の

『故郷』の最後辺りに述べられた、希望はあるともないとも言えないが、それは道のようなもので歩く人が多くなれば道になるという言葉です。嬉しさと淋しさの混じった、それでいて高揚する気持ちでした。教室ですべてが終わったとき、数人の生徒が教卓に寄ってきました。拍手のなか、私の幼い娘のための大きな人形、高級万年筆、私の好きなジョニ黒をプレゼントしてくれたのです。万年筆には「人間として　中本新一」と陰刻されていましたが、それは週一のペースで三年間発行してきた学級通信のタイトルでした。感激屋の私は、卒業していく四五名のまえでぽろぽろ大粒の涙を落としました。

翌朝、私が寝不足気味のため食堂で熱いコーヒーを飲んでいると来客の声がありました。八時まえでした。私が玄関をあけると、昨日卒業した男の子と母親が立っています。私が上がってほしい、というのに、「お世話になりました。ありがとうございました」とだけいって菓子折りを置いて足早に立ち去りました。海抜四百メートルの僻村住まいで、家を見つけるのに苦労されただろうと思います。

卒業式の前後に私には感じるものがありました。それは、薄らバカの人間であっても、素直、誠実、友愛をモットーにして一生懸命に努力をつづけていけば必ず天に通じる、というものです。悪くてずるくて抜け目のないやつが栄えるとする社会風潮でありますが、私はやはり役場の吏員のようにマジメで少年のように熱いものをもっていて、こつこつと努力していく、勤勉で篤実な人間が幸福になっていくと信じています。せっかくこの世に生を享けたのだから自分ひとりの繁栄を志向せず、めぐまれない人びとを念頭に自分の仕事、あるいはライフワークに精進していくことが自らの人格をみがくことになるのです。

新設校に志願した

三月末に清友に別れを告げて、昭和四九年に開校されていた池島高校へ転勤しました。私は池島という新設校を志願していたのです。新設校は完成させねばならないという大義もあるのですが、あえて苦しくつらい環境に身を投じなければ物が見えなくなるだろうという思いからでした。つまり自分を追い込まないと正しい思慮分別も理想も信念も持てないだろうという自覚があるのです。同校は一学年一二クラスの大規模校で、旧大和川が氾濫して周縁が湖沼地帯だった昔日をつたえる地名「池島」を校名にしています。

初年度、池島では日本史と世界史を担当し、歴史の流れに即して韓国・朝鮮を挿入したところ、目を輝かせる生徒たちがいました。この当時、小中学校でまったくといってよいほど韓国・朝鮮、あるいは在日について教えられていなかったからでしょう。

二年目になって三年生の学級担任をし、併せてソフトボール部の顧問に就任して試合のため各地を転戦します。キャプテンに朝練をしてはどうかと提案したのですが、即座に「いいです」と断られました。運動部には一一もクラブがあるのですが、大半が朝練をしていませんでした。

私が池島に転勤してきたのは池島が開校なって五年目でしたが、なにかについて協議しなければならないとき、先生がたは前任校の方針・規則・慣行やそこでの自分の経験を持ちだすのです。そして、それだけに終わってしまって参加者が成長するようにはならないのです。池島でも個人的に奮闘している先生がたがおられるし、集団的な取組みもあるのですが、そうした実践例を報告し、討議し、批評し、評価し、定着させていく、いわば教育研究活動的なものがいちじるしく低下していると私には思われました。比ゆ的にいえば、めいめいが通りに面して店を開いているのですが、それだけに終わっているという感じなのです。すばらしい商店街にするには店主・店長間における価値観の共有や通行人のニーズ調査も欠かせないのですが、それらにはいまだ手がついていない有様なのです。

三年の担任になった年に次女が生まれのですが、この年に二度にわたって開いた三者懇談会の印象では、父母が子どもにあまり期待を寄せていないように感じられました。

本名で生きていきたい

昭和五五年の秋です。私は二年の学級担任で日本史と世界史を担当していますが、世界史授業で行っているクラスの男の子が、

「本名を名乗りたいけど、手伝ってもらえる？」と聞きました。私はその子の担任ではないのですが、安田一途という在日生徒であることは承知しています。私は、

「友だち、いる？」と訊きました。本名宣言にはクラスに支えが必要です。

「私にはいます」と一途がずんぐりした体をひねるように答えましたが、私は高二の男子生徒が一

人称として「私」を使うことに珍しさを感じました。そして、放課後に職員室に来るように指示しました。

安田一途は、約百世帯、約四百人の在日韓国・朝鮮人が居住する大阪府八尾市安中町に住んでいるのですが、そこにトッカビ子ども会という民族子ども会が根を降ろしています。安田一途はトッカビ子ども会で在日の歴史を教わって、昨年四月に本名で入学したのですが、式典で名前を呼ばれて「はい」と返事して起立しただけで、入学後は通名にもどって学校生活をすごしている。そのため周囲も自分も違ったふうに見えるような形に本名宣言をもっていきたいと考えています。

私は韓国籍生徒の教育に関心をもっている岡部先生、行友先生、駒田先生の三人に働きかけ、放課後に集まりました。一途の三人の友人たちも集まりました。柔らかい感じの宮野雄太は小説家志望で、柔道部の松浦伸介の夢はオリンピックに出場すること、橋本紀子は看護婦になりたいと思っています。

週一の頻度で社会科教室に集まり、安田一途の語る話に耳を傾けます。幼児のこと、アボジの思い出、オモニの仕事、韓国への思い、中学校での三年間、池島生への期待…などを語っていきます。級友の人数が少しずつ増えていき、一途も真情や裏話を話すようになっていきます。教室ではみんなからアンダと呼ばれ、それがニックネームになっているということも明かしました。家では五三歳のオモニと二人暮らしで、オモニに日本語が通じないこと、ふだん日本語とジェスチャーで意思の疎通を図っていることを打ちあけました。

年があけ一月の末にはクラスの三分の一が集まり、二月の最初の学活で、安田一途が教壇に立ち、小柄なやや肥満した体と憂いの眼差しを級友にむけました。

そして、黒板に安一途と大書し、アン・イルトとルビを振ります。


みんな聞いてくれ。私は今まで安田一途という名前で生きてきた。本当は在日韓国人なんや。在日韓国人を知っているかな。私の本名はアン・イルトという。アボジもオモニも韓国で生まれたのですが、産米増殖や土地調査の政策にかかわって韓国で暮らしにくくなって日本に渡ってきた。私は二世です。昔の日本が韓国人に創始改名を強制し、私のアボジも安田を名乗ったんや。池島高校は大半が日本人ですが、少しは韓国人もいるでしょう。私が小さかったころ、日本人がうらやましかった、日本人になりたかった。今は違います。私は韓国人として生きたいのです。みんな韓国人として接してほしい。アン・イルトと呼んでほしい。日本人は韓国のことや在日韓国人のことを勉強してほしい。


教室が静まり返っていました。大半の生徒は在日の意味がよく分かっていなかったが、みんなのまえで級友が韓国人であると打ち明けたことに衝撃を受けたようです。

担任の藤本先生は、安一途君とみんなは仲よくなってくれと話し、生徒たちの顔を眺めて、質問がないかと訊きました。剽軽な男の子が、半立ちに腰を浮かべて、

「おまえはやっぱり、アンダやわ。俺たち、アンダと呼んでいくどぉ」と笑わせたのです。

翌日、安一途が職員室にお礼を言いにきました。そのとき、「やっぱり韓文研を創って、韓国人

も日本人も勉強していけるようにしたい。先生も応援してほしい」と言われました。

新学年から私は三年担任に就き、ソフトボール部の顧問も務めます。安一途たちが韓文研を立ちあげ、私は韓文研の顧問も引き受けます。当時は土曜日も授業日だったので、日曜日はソフトボール部の練習試合・公式戦があって、結果として四週間も五週間も無休になることがありました。

韓文研のほうでは週に二回活動します。活動日に韓国史や韓国文化を調べたり、ハングルを勉強したりします。ハングルの勉強会には校長が参加することもありました。月に二度、「韓文研ニュース」を発行します。毎回、「韓文研ニュース」紙上で日本と韓国が交差した歴史上の出来事、たとえば朝鮮通信使、日韓併合、皇国臣民化政策などから一つ選んで解説するのです。それから在日韓国人に対する処遇の状況も、一つ選んで説明します。

部員が原稿を書くのですが、B４サイズの用紙を埋めるだけでも時間がかかります。私の手元に届くと、プライバシーや中傷などの観点から原稿をチェックします。それから正門と通用門で生徒や職員に配るわけですから生徒指導部に配布まえに届けることも必要です。最後に輪転機をまわすのは私の役目です。

雨の日、渡日のいきさつを聞く

韓文研は発足と同時に一世の渡日談の聞き取りをしています。四月に黄成武さん、五月に鄭容俊さんから渡日の経緯を教えてもらいました。六月は安一途のオモニに語ってもらうことになっています。一途のオモニは韓国で生まれ育った人だから日本語が話せず、当日は大阪外国語大学朝鮮語学科ＯＧの朴君愛さんに通訳として来てもらうことになっています。朴さんも安中町に生まれ育った三世です。

土曜日の授業が終わると部員たちは昼食のために家に自転車で帰りました。

私は午後二時まえに安中町の指定されているプレハブの事務所に着きました。開いたままの入口から休みなく降りつづける雨足が見えます。土間に丸椅子やパイプ椅子が無造作に並べられ、壁には小黒板がかけられ、作業所のような雰囲気がただよっています。

傘を手にして、宮野、松浦、橋本が入ってきました。かなり緊張した表情をしています。そのうち安一途も姿を見せました。一途は周囲に流し目を送りながら微笑して「今日はよろしくお願いします」と言った。彼が丸椅子にどっかりと腰をかけると、

「やあ、こんにちは、どうもどうも」と言いながら朴君愛さんが水玉模様の傘に水玉模様のシャツを着て入ってきました。頭のきれと仕事の早さでは定評がある人ですが、めっぽう酒に強いことでも有名です。

ゆっくり歩いてくる老女性の姿が入口から見えます。小柄でずんぐりした体型でした。その人は傘をたたむと土間に入ってきて、私にむかってお辞儀し、

「イルトがお世話になっています」と壊れそうなたどたどしい日本語で挨拶します。安一途のオモニだったのです。私はオモニを見つめます。怒りにかられたり、悲しみの極北にあったり、淋しさに沈んだりの星霜を経てきたのでしょうが、いまではそうした感情が磨滅したらしく無表情になっ

ています。

私が「どこで生まれましたか」と訊くと朴さんがそれを韓国語でオモニに問うのです。プレハブのなかに鳥語のような軽やかな人声が響きます。二人のやりとりがつづいていましたが、朴さんが眉根を曇らせて、

「オモニの韓国語は慶尚南道のなまりがひどいですわ」と言いました。朴さんの韓国語も十分には伝わっていないような気もします。オモニがつぶやくようにふたこと、みこと。

「釜山に近い面だって！　面の近くに大きい川が流れていたって！」と朴さんが叫びます。

私は朴さんに「幼い時代の思い出を話してください」と言いました。朴さんはオモニの顔をのぞきこむように鳥語を響かせ、オモニの合点がいかないようなところは幼児に話すように明瞭に口を開閉して訊ねていました。一途が顔をうなだれています。

「アボジは米を少しつくりながら面事務所で働いていましたが、日本人がたくさん面に入ってきました。韓国人は田畑を手放し、日本人が地主になりました。私の面で小学校に行くのは男の人でした。女の人で小学校に行くのは少しでした。私は冬休みに少し行きました。アボジも田畑をなくし、日本人の地主の田畑を小作しました」と朴さんが私とオモニを交互に見ながら通訳するのでした。私は小作料を訊くべきだと思い、朴さんに「小作料を覚えておられますか。小作料はどれほどでしたか」と話しました。朴さんが伝えてくれ、オモニもふたこと、みこと。

「カマス一杯だそうです」と朴さん。

「どれだけに対してカマス一杯なんですか。一反についてですか」と私。朴さんが聴きだそうと奮

闘してくれたのですが、小作料は分からずじまいでした。一途はさっきまで黙ったまま涙を手の甲でぬぐっていたが、いまは肩を震わせて泣いています。

私は「日本に来られたのは何年でしたか」と問いました。朴さんが訊ねてくれたのですが、オモニから返事がありません。和暦も西暦も通じないのでしたが、年号のない世界に生きているからでしょう。

「日本のどこに来られましたか」と私。

「九州に来ました。炭鉱で働きました。そこで夫と知り合い、結婚しました。夫は炭鉱夫でした。しかし、夫が落盤事故に遭って腰を痛め、広島に行きました」とオモニが無表情に話していきます。「広島のどの辺で生活されましたか」と私が朴さんに言いました。鳥語が響き、オモニが朴さんにむかって、

「広島の山奥で炭焼きをして暮らしました。小田さんや川口さんが食べ物をくれました」と返事したとき、プレハブの屋根を撃つ雨音が大きくなっていました。

私は、一途の泣く姿と無表情なオモニを視野におさめながら、

「戦争が終わったとき、どう思いましたか」を韓国語に直してほしいと朴さんに頼みます。

オモニがふたこと、みこと。朴さんの鳥語が高まります。

「ボスが手を挙げたとき、広島の山奥にいました。そのあと、大阪に来ました。大阪では農家の稲運びを手伝ったり、牛糞や馬糞拾いをしました。近鉄の布施駅から国鉄の八尾駅のあいだを何往復もして、牛糞・馬糞を拾って食いつなぎました」とオモニが答えました。オモニは夫が付けた一途

という名は韓国的な人名ではなく悔やんでいる、という意味のことを話しました。

アメリカを崇める若者たち

秋の文化祭に韓文研は研究発表部門で参加しました。壁面に模造紙を貼りつけ、日韓関係史を書きました。八人の一世から渡日談を聞き、そのテープを起こして「聞書き・一世渡日の歴史」という冊子にし、会場の入口に積みあげています。また、洋品店から借りてきたマネキンにチマ・パジ、チマ・チョゴリを着せています。

近くの会場では留学生が「アメリカの現代」という展示を開いています。今年の四月にアメリカのオハイオ州から白人の女子高生がやってきたのです。一年間に限定し、池島の女子生徒の家にホームステイしいているが、志望国はオーストラリア、ニュージーランドであったが落選しやむなく日本に来たという次第です。このオハイオ州の子とその友人が特別に展示を願いでて許されたのです。会場はボードを立てて区分し、そこへ植民地時代からの歴史を記し、壁面一杯にニューヨークの夜景を描いています。音楽のテープを流し、会場の半分をつかってダンスをしていますが、これが人気になり、大勢が踊りに詰めかけています。私たちの「聞書き・一世渡日の歴史」は苦心の作であるし、研究上の価値もあると自負しているのですが、二日間、池高祭にきた父母・卒業生・生徒たちは通りかかると、韓文研の会場に首だけ突っ込み、チマ・チョゴリをチラッと見て、「なーんや、韓国かいな」とつぶやき、入室せずに立ち去るのです。そして彼らの足は「アメリカの現代」会場に向かうのでした。

話が前後するのですが、安一途は一浪して宗教系の天理大学朝鮮語学科に入学し、大学の卒業後は朝鮮奨学会に勤務しています。渡日談の聞取りでお世話になった一途のオモニは幾星霜の疲労が蓄積していると思われたのですが、七〇歳代の前半まで生きられました。驚いたことには、独身生活がつづいていた一途君が日本人女性と結ばれたのです。韓国人としての民族性を高唱していた彼が日本女性と恋に落ち、幸せな家庭を築いていることに、私はニンマリ笑いながら祝福するのです。

在日韓国・朝鮮人に外国人登録証明書の携帯と指紋押捺義務を課す時代が長くつづいたのですが、中年期に差しかかっていた安一途は指紋押捺を拒否しました。さらに違憲を主張したのですが、日本政府は、昭和天皇が逝去したので指紋不押捺罪を恩赦にしました。そして公判中だった裁判は免訴となりました。しかし、安一途君は、法廷で恩赦を理由にした免訴判決を受けたくないし、ことの本質は憲法違反にあると陳述しました。池島で本名宣言をし、韓文研を組織した安一途君の面目躍如たるものがあります。

私に酒害がでてきた

このころから私に酒害が現われるようになりました。飲み過ぎがつづくと右わき腹に鈍い痛みがあるのです。朝、革靴を履いて玄関を踏みだすと、氷上を歩いているような違和感もあります。こうした不調も数日、節酒すれば消失するのですが…。

大事な会議のある前夜にかぎって飲みすぎ、翌朝、二日酔いで頭が上がらなかったり、酒が原因で約束を守れなかったり、せめて今日だけは飲むまいと思っていても、つい飲んでしまうことが出てきたのです。

私はアルコール中毒とかアルコール依存症という言葉は知っていましたが、そういう病気になるのは日に七合、八合も飲む、遺伝的な要因のある人だと思っていたのでした。

韓文研では昭和五八年九月一日に部長の李昌宰が近畿郵政局に郵便外務職員になろうと受験願書を提出したのですが、受理を拒まれました。他の高校に在籍する孫秀吉も拒否されました。募集要項に国籍条項を明記しているから、というのが局側の言い分です。私も李君も「募集要項の国籍条項には法的な根拠がない」と主張しました。郵政省職員の採用方法は、人事院が試験を行う国家公務員採用試験とそれ以外の選考という二本立てなのです。郵便外務職員の採用試験は選考に当たるのです。国家公務員採用試験には人事院規則で国籍条項が残っているが、人事院規則の選考の部分と郵政省職員採用規定には国籍条項がまったく存在しないのです。

私は近畿郵政局の募集要項を見ましたが確かに日本国籍を有する者に受験資格があると書いています。その後、運動の高まりのなかで、戦後の早い時期に近畿郵政局が印刷し使用した募集要項には国籍条項が書かれていないこともわかってきました。つまり、だれかがなんらかの目的をもって国籍条項を捏造したということです。

池島高校のなかで郵便外務職にある国籍条項を撤廃するように求める署名活動を行いましたが、在籍生徒数の九九％が署名に応じてくれました。また、私は土日に梅田、難波、大阪城公園、阿倍野、京橋で街頭に立ち、スピーカーで国籍条項の不当を訴え、通行人から署名を集めました。

三年後、郵政省は国籍条項を撤廃して李昌宰と孫秀吉を郵便外務職員として採用してくれました。

第二章　一杯の盃にいのちを賭けて

アルコール依存症者は奈良漬けみたいなものだ

日本史の学年末の成績を教務部にだした雪まじりの寒風が吹く夜、私は痛飲しました。食事しながら大量に飲み、風呂から上がってからも水割りを飲んだのですが、清酒に換算すれば一升は飲んだでしょう。翌朝は猛烈な二日酔い。出勤まえや職場で飲んだ経験がないのですが、その日、初めて乗換え駅で缶ビールを飲み、脱力感が襲ってきて家に戻りました。

世の結びつきやしがらみからの遁走のような飲酒でした。

この日を起点に、飲んでは寝、覚めては飲みという生活を一〇日つづけました。いままでなら、飲酒をやめようと思うとやめることができました。大概、夜間に飲んでいたのですが、これ以上飲めば明日の仕事に差しさわりがでると思うと自然と止まりました。しかし、今回、成績伝票を提出した日の夜の、寒風が屋根や戸板をがたがた叩く音を聞きながらの深酒以降はブレーキが利かなくなってしまいました。あればあるだけ飲む、なければどんなことをしても入手する、飲酒法のマナーや道徳にも頓着せず、欲求にのみ寄り添っていく、そんな無頼な酒になったのです。寝床で、「酒を切ろう」と思いました。家が農家だったので蔵がありますが、そこへ入り外側から施錠してもらえば燃えさかる飲酒欲求に克てると思ったのです。夜具、水、コップ、懐中電灯なども入れました。ガチャンと施錠されたとき、二階の明かり窓からわずかに差し込む光りのほかはほとんど真っ暗でした。

相変わらず雪まじりの寒風が戸板を叩いているのでしょうが、厚さ一五糎の土製の壁に遮られてまったく静寂です。数時間のあと一階の隅辺りからかすかな音がするようになりました。座っている私の耳になにか擦れるような小さな響きがするのです。空耳かという気もしたのですが、澄ました耳に擦れるような音が確かにするのです。生き物の音のようです。

そのとき、ヘビだ、と閃きました。外とつながる小さな穴があって青大将などが棲みついているのだと確信するとともに怖くなりました。必死になって、二階の明かり窓から妻や子に向かって、「開けてくれ」と叫びます。しかし、土製の厚い壁ですから声が届きません。しかたく錠の辺りをいじっていると、開錠されてしまいました。蔵の場合、内側から簡単に開けられるのです。外へ出ると、もう物理的に飲酒欲求の炎から身を遠ざける方法がありません。

翌朝、大病院に妻とともに行きましたが、あまりの混雑に恐れをなして引きさがり、近くの小規模な内科を主体にした病院に入りました。ここも待合室は肩が触れるほど混雑していますが、私は待っていられないほどイライラするのです。外へ出て、カップ酒を飲みましたが、酔いが回ってきて、受付まえのベンチに寝転がります。診察室でお医者さんが三つの電話番号を書いたメモ用紙を渡し、「この病院のどこかへ行けば良い」と言いました。

私は藁をもすがる思いで、泉州病院（大阪府岸和田市　現在は廃院）にたどり着きました。院長が小一時間の診察のあと、

「中本さんは完全なアルコール依存症ですよ。依存症になれば飲酒量をコントロールできなくなり、適切な量をで終えることができなくなります」。

私は依存症と診断されたとき、椅子から転げ落ちるほど驚きました。断崖から転落し、転落途中に木の根にしがみつき、下方の奈落を見ているというような恐怖なのです。このまま滅びるのか、生き直す道がないのか、と院長の面前でうろたえます。

「アルコール依存症を治せないのですか」と私は恐る恐る訊きました。

廣田院長が身を乗りだして、早口で、

「アルコール依存症そのものは治りません。アルコール依存症者は奈良漬けみたいなもので、白瓜を酒粕に漬けますと奈良漬けになりますね。一度、奈良漬けになってしまうと水洗いしたり干したりしましても、元の白瓜に戻りません。奈良漬けになるとどこまでも奈良漬けのままなんですよ。それと同じでいったんアルコール依存症になった者は死ぬまでアルコール依存症なんですわ。

ですがね、中本さん。酒はやめつづけることができるのです。全国のいたる所に断酒会というものがあって、そこに所属して例会に通うならば酒はやめつづけることができる。どんなに意志が強くて我慢のできる人でも一人で酒をやめつづけることはできませんよ。このことは確かなデーターが証明しているんです」と院長が力説しました。

例会に通えば、酒はやめつづけることができる

私は治らないと断言されて衝撃を受けましたが、酒はやめつづけることができると明言され、一縷の望みを抱きました。

「やめつづけるにはどうすればいいのでしょうか」と私。

「人にかけてきた迷惑をみつめることです。会員のなかには毎日例会出席している人がいますよ。日曜日には記念大会や研修会、さらには二泊三日の日程で断酒学校もありますよ。特に研修会や断酒学校はいいもので、参加すれば断酒していく具体的な方法を学べるんですわ」と院長。診察されている間に入院したいと思うようになりました。

泉州病院は院長やスタッフが患者たちを断酒に導こうと情熱的に仕事をしていました。

入院して三日目の昼下がり、入浴が許されました。私が裸になって浴室に入っていくと、体を洗う男の背中に龍が赤い舌をだして昇っていく刺青が彫られていました。浴槽に浸かって温まっていたら別の男がタオルで秘部を隠して入ってきました。その男にも背中や肩に彫物がありました。風呂から上がって娯楽室で缶コーヒーを飲んでいるとき、目を凝らせば小指の先のない患者もいました。

泉州病院は二棟式です。北側に東西に本館が建ち、南側にも本館と平行するかたちで別館があります。本館には観察室や一号から一八号までの病室が並んでいますが、病室には鉄格子もなく錠もありません。病室は観察室以外すべて畳式です。しかし、病棟の一階にある出入口は午後九時から朝六時まで施錠されています。廊下に沿った窓には色んな泳ぐ魚をはめてありますが、これは鉄格子のカムフラージュでしょう。要するに、この病院は半開放型なのです。

本館の窓から別館の病室がよく見えます。入院してすぐ観察室に入るわけですが、そのうち回診に来られた院長が、新顔の肩を軽く叩きながら、

「今の総理大臣の名前を言ってみてください」と質問します。昭和五八年二月だから中曽根康弘が

正解ですが、誤答する人がかなり多い。

「吉田茂です」とか「川端康成やと思う」と答えた人は、即、別館病室送りになります。また院長は新入りに、「今年は何年ですか」と問われる場合もあります。「明治八年です」とか「元禄六年」と返事しても別館送りです。永年の飲酒で脳が機能不全になっているのでしょう。合併症の多い末期患者がケアしてもらうのが別館なのです。

喜劇的にして悲劇的な人びと

一階には娯楽室があり、大型テレビが置いてあります。夜間は患者が鈴生りになりますが、背中に龍の刺青をしているような手合いがチャンネルを一人占めするのです。このような手合いに臣従する三助がいます。三助はテレビのまえにどっかりと座る小皇帝に、

「ね、ね、飲み物取ってきましょうか。お腹すいていません？　チャンネルを変えましょうか」と女房のように甲斐甲斐しく機嫌をとるのです。三助は番組の間中、小皇帝の肩を揉みつづけ、善良な一般患者がチャンネルを変えようとすれば、居丈高に、

「おい。みんな、この方が、病院を治めておられることが分からんのか！　勝手にチャンネル変えさらしたらいてまうどぉ！」

と怒鳴るのです。

私の入院期間中に物影に小便する人がいました。ソーシャルワーカーからどんなに叱責されても

ついつい悪意なしにジャージャーと放つのです。このため、病棟出入り口、渡り廊下、面会室、購買部などにアンモニア臭がしみついていました。この患者は破綻的な性格の人ではなく、ごく善良な印象の老人なのです。病名をつければ先天性放尿陶酔症になるのもしれません。ある日、その人は院長室に呼びだされ、院長から譴責《けんせき》を受け、本人もトイレに行きますと神妙に誓っていたのですが、その帰り、ドアを開けるなり院長室の壁にむかってジャージャーをやったのです。お蔭で壁土が落ち、穴が開いてしまいました。

泉州病院には数名の女性も入院していましたが、大半は男性です。総数は一三〇名とか言われていました。つまり、女旱りになっています。それがあるためでしょうか、女性のヌード写真を週刊誌などから切り取って、自分の持ち物や自室のいたる所にべたべた貼りつけている男性がいました。アルコール依存症で入院しているというよりも色情狂で入っているという感じです。

一説によると患者の大半は生活保護で入院しているということです。私が観察室にいたころ、それと思われる単身者たちが生活苦回避で続々と入って来ました。

こういう人びとは涼しげな顔をしているので、無茶な飲酒で入った人の苦悩の顔とは明瞭に区別されます。カバンをベッドの下に置くと、即、パジャマに着かえ、部屋の隅から隅へヒモを渡し、タオルを吊るし、ヒゲを剃り、歯ブラシを当て…ということを五分でやってしまい、五分後にはベッドで寝息を立てているのです。入院慣れをしているのでしょうかパジャマにもタオルにも隅にちゃんと氏名が書いてあります。

冬のことだからシャバにいれば光熱費がかさむし水道代や食費も必要ですし、食事もつくらねばなりません。病院に逃げこめば三食・昼寝付きですし、医療費が無料で体調を崩したときのケアも完備していて、霞が関の役人の上を行くまさに超国家公務員の待遇です。

アルコールの専門病院の入院期間は原則三か月と決まっていますので、この間患者らしく振舞っていさえすれば食いはぐれる心配がないのです。

観察室の天井の電球が壊れ、そのスペアも切らしていたときのことです。観察室が真っ暗な夜になり、男性患者たちが深夜にもぞもぞと動きまわり、真っ暗ななかで「ヨシコ」「ノブコ」「ミチコ」というような女の名前が響くのでした。後日知ったことですが、離脱期にあるアルコール依存症者は暗闇だと幻視・幻聴・幻覚が起きやすく、そのゆえに反省室や観察室では豆球を夜通し点けておくのだそうです。

私は入院中に様ざまな患者と話しあい、誰もが飲むことに強迫観念をもっていることを知りました。酔いたいという頭があって、たえず飲もう飲もうとしているのです。ヘアトニックを飲んだ経験のある人は珍しいことではありません。赤チンを飲んだ人にも出会いました。口のまわりが真っ赤になり、人喰い人種かと怖れられたそうです。飲むという行為に尋常ならぬ執念をもっていて、それが酔いという一点に純化していくのでしょう。退院してからのことですが、冷たい水に数滴の赤インクを落とし、それに氷を浮かべて飲んだ人にも出会いました。赤い色から赤ワインのような酔いを期待できると妄想したのかもしれません。

大量に飲めば胃腸が衰えて、食べた物はみんなビニール袋に吐きます。泉州病院で出会った人は、吐いたあとも飲酒するので、ビニール袋に吐くのは酒だけになっていて、ビニール袋の吐瀉物《としゃぶつ》をもう一度目をつぶってぐっと飲むのだと言いました。

入院してくる人のなかにはひどい嘘つきがいます。アルコール依存症の場合、飲んでいるのに飲んでいないと言い張ったり、酒類代金の釣銭に嘘をついたり、というのが多いのですが、もっと背筋が冷たくなってくるような虚言症者がいます。出身地、学歴、年齢、家族、入院回数、入院日数、疾病などで平然とリアリスティックな嘘をつくのです。すぐ嘘がばれるとわかっていても虚言するのです。

あるとき、娯楽室の大型テレビのまえに患者が大勢集まっていました。輪の中心にいて、白木の箱から戸籍謄本らしきものを取りだして饒舌をくりひろげているのが超長期入院のYさんでした。箱には皇室の家紋である菊花と後陽成天皇が豊臣秀吉に下賜した桐花があしらわれています。Yさんが、「僕が明治天皇の曾孫であることはこの謄本が証明していますのやでぇ」と書類をひらひらさせています。すぐあと、通りかかったソーシャルワーカーが「そういう事実はありません。むしろYさんにはホームレスという前歴がありますがね」と証明したのです。

入院生活が一か月以上経過すれば外出や外泊をすることができます。外出・外泊申請書を提出し、許可される必要があります。患者は外泊すれば飲んでやると決めている場合がほとんどです。

専門病院は飲まずにアルコール依存症を治していく病院ですから酒類の持ち込みは当然厳禁です。帰院すれば詰所でカバンなどの検査がありますが、それでも酒類がくぐり抜けて病室に運びこまれます。その証拠に病院の裏庭にはカップ酒や缶ビールの空き缶が少なからず投げ捨ててありまます。外泊時に酒を買い、それを病院の近くの繁みに隠しておいて、帰院してから外出して飲みに行き、病室では酔いを隠すために布団をかぶって寝るという方法もあります。

外泊時に飲み、素知らぬ顔で帰院しても御用になることが多い。家族が通報するからです。どの病院にも懲罰と指導のために通称ドボンという名の反省室が完備していますが、ご法度に背いた患者がそこで過ごさなければならなくなります。

泉州病院に長期にわたって入院している人が少なくなかった。ワンクール三ヵ月でも長いのに、保護者がいないなどの理由によって六年も七年も過ごしているのでした。そういうなかでYさん（明治天皇の曾孫を自称している人）は特異でした。生活保護の金を思いつくかぎりの節約で貯めつづけているのですが、患者仲間に一本一〇円の鉛筆を百円で売ったりして利ざやを稼ぐのです。

Yさんには金を貯めているという噂が流布しているので、千円とか二千円を貸してくれと泣きつく人があとを絶ちません。入院心得には金の貸し借りは禁止項目になっていますが、金に苦労している人には遵守事項などあろうはずがありません。Yさんは貸し付けると法律が禁じている金利の五〇倍・一〇〇倍以上の利率で利息をとっていました。

病院職員のなかにもYさんに頼みこんで高利で借りている人がいるという噂が流れていました。単身のYさんは、時おり、外出してソープランドに通い、石鹸の匂いをさせて帰ってくることがあります。貸付金の返金取立人にYさんは背中に刺青がある人を起用しています。

入院中、アルコール依存を病む人びとに友情を感じた

例会は多様に設けられています。断酒会メッセージというのがあって、院外で酒をやめている断酒会幹部が体験談を言いに来ます。出身地ごとの例会もあります。規模が大きいのは院内例会で、月に一度の開催です。私はそうした例会で体験談を聴きましたが、それが私に仲間意識というべきか患者への友情というべきか、そうした感性を育てました。私は一八歳から飲みだし、今年三七歳になるまで一九年間飲んできましたが、アル中への共感をもったのは初めてのことです。

二三日間入院して、何がなんでも酒をやめていこうと決意するようになりました。

酒をやめつづけるためには、どんな苦しみにもどんな悲しみにも耐えていくのだとこころに誓いました。アル中は世間一般ではヘビのように忌み嫌われ、蔑視された存在ですが、私は入院生活を経たいま、もし、シャバにアル中だから駄目だ、何もできないのだ、劣等なやつがアル中になるだというような偏見があるのなら、私はそれと闘って何でもできることを証明するぞとこころに誓いました。長く断酒しようとは思わず、一日ずつ区切ってやめていこう、今日一日だけに生を燃焼させようと思いました。断酒会には社会的弱者、めぐまれない人びとも多数在籍していることだろうが、支えあい、励ましあい、力になりあう関係を創りだし、共に進んでいきたい。

統計によれば、アルコール依存症者は専門病院を退院しても、三年後の断酒継続率はわずかに二〇％ということです。ほとんどの人は再飲酒し、死亡したり飲んだりやめたり、再入院したりしているという。

私には七歳と三歳の娘がいるし、苦労をかけてきた妻も早く夫と死別した母もいるのです。娘、妻、母のことを考えたら酒を飲んで早死にすることなど絶対にできないと奮い立ちました。家族がこれからの人生で、「生まれてきて良かった」という思いをもつように断酒人たる私がもっていく必要があります。

三月の下旬から職場に復帰し、四月から三年生の学級担任になり、授業は日本史と世界史を担当し、韓文研とソフトボール部の顧問を務めることになりました。

泉州病院を退院した日の翌日から大和まほろば断酒会の五条支部の一員になっています。断酒しようとしている人が多い支部でしたから、当然、体験談も赤裸々に語られます。具体的には幻聴・幻視、サラ金体験、尿や便の失禁、ブラックアウト、暴力、手の震えが克明に明かされるのでした。

支部員たちが真剣に酒害を語れば語るほど、私のこころは微妙に揺れ動くのです。「この人たちと自分は違うな」と私が思うのです。私にはサラ金の体験はありませんし、その他の幻聴・幻視、ブラックアウト、暴力、手の震えもないのです。

「ここの連中はまがうかたなくアル中だけど、私はアルコール依存症ではないのではないか」という想念が頭をもたげてきたのです。当時、幻聴や幻視が出ていないのを根拠にしてアルコール依存症ではないと考えたのは笑止千万、まさに噴飯物でした。私には連続飲酒とはっきりとした離脱症状の経験があり、それはアルコール依存症を初期、中期、後期に区分すれば後期に出現するものであると言われているのに、どうしたことでしょうか、アルコール依存症ではないのではないか、少なくとも軽いはずだと考えたのです。

支部員のなかで断酒を継続しているのは二名だけであり、その他の大勢はなかなか断酒継続を軌道に乗せられずスリップの話ばかりしているのです。このような体験談を聴けば、まっとうな会員

ならば酒の魔力性とか断酒の難しさというもの感じとるでしょうが、私はスリップをくり返す人びとに、

「何という情けない奴だろう」と軽侮のこころを向けるのでした。

アルコール依存症は否認の病気

アルコール依存症ではないのではないか、とか、アルコール依存症であっても軽症だろう、というような自己認識の甘さという瑕疵を秘めて私の例会通いがつづきました。このような心的状況にあるわけですから、会員・家族の体験談をいくら聴いても共感しませんし感動もしません。例会中にチラチラと腕時計を見ますし、生あくびをかみ殺すこともあります。日曜日には古い人たちに誘われて、電車やバスを乗り継いで記念大会に妻とともに参加するのですが、これも義理に依っているだけです。来賓の祝辞という時間帯があり、市長、市議会議長、保健所長、衆議院議員、院長などが登壇し、ながながと紋切型の挨拶をされると腹が立ってくる。

今にも退会したり再飲酒しそうな状況がつづきましたが、私は例会を休まず遅れずに通い、酒も飲みませんでした。その原因の一つは公務員特有の用心深さだったのです。

四月以降、学級担任として二者懇談会、ＰＴＡ役員会、進学説明会、就職説明会、三者懇談会などで時間をとられ、その上、韓文研では一世の聞取り作業もありますので、例会時間がもったいないと感じるようになりました。放課後、ソフトボール部員が練習をしていますので、私もグラウン

ドへ出ていきますし、日曜日には練習試合で遠方まで出かけます。時間に追われ、約束に従って毎日を送っていますと、例会が馬鹿げているように思えてくるのでした。酒をやめている人や本気になってやめたいと決意している人が例会に集うのは意義深いが、スリップばかりの人たちが集まっても時間を浪費するだけだと思ってしまうのです。

夏休みになりました。

夏休みに入って最初の土日に南河内断酒会が主催する一泊研修会が、大阪府南部の富田林市の山の上の仏寺でありました。うだるような暑さのなか、会場になっているの本堂にハンカチで顔や首筋をぬぐう大勢の人たちが詰めかけました。南河内断酒会の一泊研修会は関西では一番有名な研修会であるので、関西各地から参加していますが、四国、山陽、山陰、東海、北陸からも参加があります。

参加費とひきかえに手引きプリントをもらったが、二日間の予定が載っています。当日は午後一時から研修が始まって、夕食の前後一時間の休みをとって、適時休憩もとって、午後九時までつづくとあります。二日目の研修は午前八時から開始され、正午で終了ということです。

あいにくクーラーが故障ということで、研修中、本堂は詰めこまれた数百人の人いきれによって座っているだけで汗が流れてきます。たらたらと汗が額や顎、またシャツのなかを流れていきます。私は夕方には腰と足に痛みがでてきました。どの体験談も真剣に語られたものでひどく感銘を受けます。夕食後の研修も充実していましたが、午後九時に終わったとき、ホッとしました。就寝時間になって驚いたことがあります。夜は研修会場に寝るということです。仏寺ですから庫裏があり、参加者の一部が布団をもって行ってそこで寝ますが、参加者の大半は本堂で寝るということでした。

結局、私は本堂において粗末な煎餅蒲団を与えられただけで、前後左右にも寝床が接近していて、要するに雑魚寝ということです。夜間、私の顔の辺りに他人の足が来ていましたし、私の足も隣人の腹に乗っていました。一時、二時になっても眠ることができません。耐えかねて半身になって暗い本堂を見渡すと、赤い斑点のようなものが無数に点滅しているのです。それは私と同様に眠れない参加者が喫煙している火でした。

研修会で断酒に開眼する

二日目の研修が終わって、家に帰りましたが、私は南河内断酒会の一泊研修会には衝撃を受けました。二日間の研修時間におそらくのべ六〇人前後の人びとがマイクを握って体験談を話したと思われますが、私の心身が震えるほど感動したのは三人です。左に三者の発言のさわりを書きます。

ある好々爺が週に一回、例会帰りに飲酒していたが、ある夜、飲みだすと止まらなくなり、結局四〇日間も酒のみで生きたということを話しました。大阪府断酒会の石野会長が、働き過ぎるから再飲酒するのだ、仕事に費やすのは持っているエネルギーの七割程度にとどめ、残りは断酒に傾けるべしと話されました。和気隆三院長がアルコール依存症は死ぬ病気だと前置きしてから本論に入りました。アルコール依存症であることを認めない人びとがまず死んでいき、家で断酒しようとする人びとがそのあとを追って死んでいき、断酒会につながった人びとのなかでも週一タコツボ型の者が死んでいく、と述べられました。

一泊研修会参加を契機にして、私は間違った考えをしていたことに気がつきました。泉州病院に二三日間入院しただけだというウヌボレが鼻持ちならぬ優越意識を生み落していたのです。それが病齢は後期だのに軽いアルコール依存症というふうな否認と仲間意識の欠如をもたらしていました。

私は〈歩く断酒〉を実践しようと決意しました。週一のペースで所属支部にだけ顔を出す断酒スタイルは、諧謔的に〈タコツボ断酒〉と呼んでいますが、私は真実の断酒をもとめて全国通津浦々の断酒人に会いに行こうと決心したのです。将来的にはアメリカや北欧の自助グループも訪ね、酒とは別れを告げたアルコール依存症者と友誼を結びたいと思ったのです。

〈歩く断酒〉として週に三日夜間の例会にでて日曜日にも記念大会や研修会にも出席することにしました。「一杯の盃にいのちを賭ける」という言い方をすることがありますが、これは一杯の酒にありつくために万難を排すということではなく、アルコール依存症は飲みだせば止まらない病気であるから最初の一杯を飲まぬように日ごろから断酒精進を重ねておく、という意味です。私も一杯目の酒を飲むことのないように努力しようと覚悟を決めました。

断酒会に伝わる断酒継続のための方法論でありイデオロギーでもある「一日断酒」と「例会出席」という原則を知りました。例会場にはかならず墨痕あざやかに「一日断酒」「例会出席」と認めた二本の垂れ幕がかかっています。記念大会や研修会でも壇上に「一日断酒」「例会出席」の垂れ幕があります。

アルコール依存症者が入会したとします。一日に何度となく酒を飲みたくなります。飲みたくなったとき飲んでいたのが入会まえの姿です。入会してから飲酒欲求に襲われたら、その場で「今日だけは絶対に飲むものか」と決意を深めるのです。明日になれば腹が一杯になるまで飲んでやる。今日は何がなんでも飲まないぞ、と自分であやすのです。

飲みたくて飲みたくても、今夜の一二時までは我慢するのです。夜の一二時になればカレンダーの上では明日になっています。飲まずに眠り、目覚めたら別の日になっています。そしてまた、「今日だけは絶対に飲むものか」と自らを奮い立たせるのです。つまり、一日ずつ飲むことを先送りしていくというわけです。

断酒会に入会したとき、五年やめるとか一〇年やめるとか公言して成功した人など一人もいません。今日のこの一日をきちんとやめていけば十分なのです。

五年やめるとか一〇年やめるとか言いましても、今日一日にいっぺんに五年一〇年を生きることなどできないからです。同じように五年まえ一〇年まえにさかのぼって生きることもできません。要するに、「今日一日だけに生きよ」ということです。

専門病院でアルコール依存症だという診断を受けたとき、同時に断酒しなさい、とか自助グループに加入しなさいとか言われます。やめなさいと言われてからも、飲んでいる人は多いものです。こういう人びとは断酒などできるものではないと思っているのですが、断酒会の例会場にゆくと予想に反して会員・家族の表情が明るい。専門病院の入院歴が一〇回、二〇回になるような猛者が一〇年間一滴も飲まずに過ごしているのです。二〇年、三〇年やめている会員もいます。例会場に足を運び、実際にやめている人の姿を見、その声を聞けば、「自分もやめられるかもしれない」と思うものなのです。

断酒会は例会出席を重ねて断酒をしつづけていこうと考えています。パソコンや携帯電話などでも体験談を交流させることができるでしょうが、断酒会は実際に例会場にでむき、顔をあわせ生の声を聞いてこころの交流をはかるべきだと判断しているのです。

国籍条項撤廃運動に批判がとどく

前述しましたように、九月一日に李昌宰らが郵便外務職の願書の受理を拒否され、私の身辺が忙しくなりました。国籍条項があるのに郵便外務職をめざしているというので、職場や断酒会から矛先が私に向けられてきました。「教師としての主張を生徒にやらせている」という見当違いの中傷がなされましたが、郵便屋さんと親しまれている職に就こうというのは李君や孫君のまったく個人的な願望です。

「韓国人が郵便外務職になればそれだけ日本人の雇用が減る」という批判がありましたが、これには在日韓国人にも職業選択の自由があると訴えてかわし、「在日韓国人が日本国公務員に就けば民族性がなくなる」という非難には公務員になれば民族性がなくなり、非公務員であれば民族性が維持できると機械的に区別するのが間違いであり、不安定で困窮的な職に就いたほうが民族性を維持できなくなると反論しました。

李君、孫君の郵便外務職に就こうという運動は長期化していくのですが、その間、断酒会や職場の人たちが、在日韓国人が不祥事件を起こすたびにそれを報道する新聞記事を私のところにもってくるということが非常に多くなりました。

私は韓文研にかかわりながら断酒してきたのですが、在日というフィルターから断酒会を眺めると、断酒会はあまり人権感覚が発達していない団体だと判断せざるを得ない。

断酒会員は日ごろから、アル中呼ばわりされて蔑視や偏見に直面し、憤慨しているわけですが、そうであれば貧しさや障害で弱い立場の人たちと手を組んでいこうとするのが普通の考えでしょう。しかし、現実の断酒会員は、たとえば生活保護を受給している会員になかなか冷淡なのです。断酒会は会員が支払う月々の会費で運営されているのですが、断酒会は福祉の世話になっている会員に対して会費の全免や半免の措置をとっていない場合が圧倒的です。会費の納入が滞りがちな人に対して「福祉の世話になっていても会費ぐらい払う金はあるやろ」という言葉が浴びせられるのです。

断酒会には女性も入会してきますが、そういう女性アルコール依存症者に向ける男性会員の眼差しに温もりがないことが多い。女性は男性に比べて少量のアルコールで、また短い年数でアルコール依存症になってしまいますが、その発症の背後に、夫婦間の葛藤、嫁―姑関係、子育てや性周期などの問題が横たわっているものです。身も蓋もない言い方をすれば、夫の浮気からアルコール依存症に陥る女性が非常に多い。いわば女性酒害者は犠牲者ですが、例会場では男性会員が女性アル

コール依存症者を目の隅で追いながら、

「女だてらにアル中になりくさって！」

「子どもを産み育てるべき女が酒に溺れて！」

と非難することがあります。

アルコール医療機関の医師は患者を断酒にみちびくために大童です。成果をあげた医師は会員・家族にいつまでも慕われています。

医師の断酒会に対する影響力は水際だっていますが、大阪府の南部にある専門病院で院長も理事長も務めたW氏は今では日本のアルコール医療領域ではキャリアからも名声からもナンバーワンでしょう。そのW氏が、記念大会など大勢の人が集まる場で、

「分ちゃん可愛い、アル中嫌い」と放言されるのを私は七、八回聴いてきました。臨床をやっていると、分裂症（統合失調症）患者は純粋だから可愛いが、アルコール依存症者は素直でないから嫌いだという意味でしょう。右の言葉はもともと精神科の臨床をやっている医師の業界符牒だったという気がしますが、政治家がこの発言をすればただちに失職ものでしょう。W氏が、三〇年間にわたって右の放言をしてお咎めがなかった要因の一つは、人権感覚のあまり発達していない断酒会においてであったからでしょう。

既述しましたけれど私は李君が郵便屋さんになれるように願って街頭に立ちました。数本の幟がはためくなかで通行人にスピーカーで訴えたり、胸・背中にゼッケンをつけて署名を呼びかけたりしました。通行人たちは幟やゼッケンから在日韓国人が訴えているとわかるのでしょう。

そのうちある事実に気がつきます。あちこちと街宣活動をした土地が多いのですが、通行人のビラに対する反応に世代的性別的な類型があるのです。

男性はあらゆる年代でビラを受け取ってくれます。小学校の男の子から八〇代の高齢者まで、少し微笑してビラに手を差しのべてくれるのです。

女性はビラに対して年代的な差異があります。小学校の女の子も中学校の女の子も受け取ってくれます。一五、一六ぐらいに見える女の子たちも受け取ってくれるのですが、一八歳ぐらいから三三、三四歳ぐらいまでの女性は受取り率が急降下するのです。しかし、女性もそのあとの年代は受け取りがよくなり、五〇代からは男性と遜色がなくなります。

女性は一八から三三、三四という年齢層においては自身の生を遂げるのに一生懸命にならざるを得ず、なかなか社会問題に目をむける余裕がないのでしょうか。

私が酒をやめられた理由

私は三年担任の業務もありながら郵便外務職における国籍条項を撤廃させる運動に首を突っ込んでいます。韓文研では韓文研ニュースを発行・配布し、部員たちとともに在日一世の渡日談を聞きに大阪府一円を歩きます。部員たちに日韓関係史も教えます。大学・企業宛てに推薦状や調査書も書きます。私大が実施する入試説明会にも新しい情報を求めて出席しますし、停学を命じられた生徒がいれば家庭訪問もします。ソフトボール部には練習試合・公式戦、合宿、顧問会議があります。

当時の安中町の一角はむきだしの貧困に覆われていました。あちこちの原っぱには廃品・屑鉄の山があり、未舗装の道路のあちこちに家電具が棄ててあります。そこに約百世帯四百人の在日韓国人が肩を寄せあうように暮らしています。「土方を殺すのに刃物は要らぬ。三日の雨でいい」と言われていて、土木作業員や廃品回収業などの不安定な職業がたいへん多い地区なのです。

李昌宰と孫秀吉の二人は郵政省の国籍条項に立ちむかっていくとき、鋭い斜面に爪を立ててよじ登っていくような重圧、緊張、不安を感じていたと思うのですが、私とて似たり寄ったりでした。私は昭和五八年二月の大雪の積もった朝、泉州病院で完全なアルコール依存症と診断され、二〇日あまりの入院のあと断酒会に入会しましたが、診断の日から今日まで一滴も飲まずに生きてきました。人には容易に信じてもらえないのですが、初診から断酒をつづけているというのは事実です。入会後の二、三年間は不安定な時期ですが、私は飲まずに切り抜けることができました。

私が酒をやめられたのは僥倖にも幾つかの幸運が重なったからでしょうが、そのひとつは私が在日韓国人を愛してきたし、また、在日韓国人的なるものが私を愛してくれたからだと思っているのです。私は特定の在日韓国人を愛した経験がありませんし、また、特定の在日韓国人が私を愛してくれたこともないのですが、私の韓国や在日韓国人によせる思いは、四歳から小六の冬休みまで脱腸帯を装着し、集団の輪に入れてもらえなかった悲しさ、淋しさ、怒りに由来していると思うのです。

私はいままで韓国に行ったことがないのですが、韓国の歴史や社会、あるいは在日韓国人という存在が私をなぐさめ、いたわり、鼓舞してくれているのです。私は生駒山脈の頂上付近に生まれ育ち、村びとが猫の額ほどの土地を耕し、老いさらばえて土に還っていくのを見てきたのですが、これも在日を愛するこころを生みだしていると思います。

南河内断酒会の一泊研修会で覚醒し、〈歩く断酒〉を標榜するようになりました。すなわち週に三回例会に出席し、日曜日には記念大会・研修会に参加するという方針を掲げました。しかし、実際は週に五回も六回も例会に顔をだし、日曜にも断酒会活動をするようになっていました。飲みだせば止まらない体質だから、日ごろから最初の一杯を飲まないように予防しておくのです。

断酒会に入会した年の秋に断酒会の六名の同志とともに松村断酒学校に入校しました。日本の断酒会は、松村春繁（一九〇五年～一九七〇年）さんが中心になって創設されたものですが、断酒会が発祥したゆかりの高知市内で、松村さんの名を冠した学校が毎春秋に開かれているのです。二泊三日の日程でしたが、断酒学校から自宅に帰ったころから「日本のアルコール関連問題を大幅に減少させる方法を研究し、それを文書にして公開したい」と考えるようになりました。

飲んでいたころは日本の酒害が深刻なものだとは思っていませんでしたが、入会してから医師、ソーシャルワーカー、政治家、保健所職員などの話を聞き、日本はアルコール問題については飛び切りの後進国であることを知ったわけです。こういうふうに考えたことが、六〇歳代になってから書く博士論文につながっていくのでした。

共感をキーワードにして教育活動

断酒一年目において私のクラスは就職や進学でも奮闘してくれましたが、特にうれしかったのは全員が無事に卒業してくれたことです。

四月からまた三年学級担任に決まり、運動部ではソフトボール部、文化部では韓文研の顧問になりました。断酒二年目の担任ということで多少の余裕も生まれ、教室などの清掃担当箇所の美化をはかるとともに挨拶の励行を生徒たちによびかけました。こういうことはまず担任教師が率先しないと効果があらわれないのですが、生徒たちもよく応えてくれ、いつもピカピカの教室に明るい挨拶が響くようになりました。

私がもっとも肝に銘じたことは生徒との関係で共感をキーワードにするということです。生徒の家庭にも問題があることが多いでしょう。病気をもっている子もいるでしょう。交友関係がうまくいかない生徒もいるでしょう。教師は一教科を担当しているだけだが、生徒には英、国、社、数、理などがあり、理解できていない子が多いでしょう。そう考えて、高校生は苦悩しているわけだから、まず生徒が発する言葉に共感してあげようと決意したのです。子どもが悩んでいる、担任も悩んでいる、という図式で悩んでいる者同志がぶつかりあってもいい展望は見えてこないだろうから、生徒が「苦しい」と言えば「私も君は苦しいと思うぞ」と言ってあげようと考えたのです。

私のクラスは欠席や遅刻が少なく、教科担当者から「教えやすい。いい雰囲気。教室がいつもきれいで気持ちがいい」と高評価されるようになりました。私が断酒とクラス経営に自信をもちだしていた六月下旬、妻にガンが見つかりました。私は強い飲酒欲求に襲われ酒を飲みたくなりました。が、同時に目の前に二人の娘、老いた母、クラスの子たち、ソフトボール部の部員、韓文研の子たちが次つぎに浮かび、そうした人びとが落胆するだろうと思えば酒を買い走ることができませんでした。結局、妻は七月初旬に手術し八月初めに退院しました。

妻にガンが見つかってからは私にも不調がつづいていました。残暑のきびしい九月の半ばに夕食を食べてから妻と口論しました。売り言葉に買い言葉で、私は、「飲んでやる！」と叫びました。妻にガンが見つかった日は向こうから飲酒欲求が押し寄せて来、今回は逆に自分のほうからすすんで飲酒しようと思ったのです。

私は本気で飲もうと決意しています。山から降りていくために車のキィをしっかり握ります。ガレージに向かいます。歩きながら、「酒を買おう」とこころが私に指令を発します。同時に「酒を買うことと飲むことは別だ」という想念が湧いてきます。ウキウキした気分になってきました。運転しても景色が全然見えません。ハンドル操作をしながら、こころが「買ったらビールをコップに注いでみよう」と思いました。そして、同時にこころが「コップに注ぐことと飲むことは別物」と思うのです。自販機が並んだ平端部に近づき、遠方に酒店の屋根が見えます。「コップのビールを口中に入れよう。口にビールを入れることと飲むことは別だ。吐けばいいのだ」とこころが思うのでした。酒店の自販機まえに車を停め、私は飲もうとしている自身に気がつき愕然としました。

今までこころが嘘をつくことはないと信じてきましたが、現実はこころが嘘つきなのです。飲もうと思っても一直線に飲酒に至るのではなく、こころが自らを欺き、虚偽の環境を生みだしていくという事実を私は知りました。

間一髪のところで、飲酒を回避した私は、こころが絶対的なブレーキになるわけではないことを体得しました。そして、断酒を体に覚えさせたり、理知力を身につけたりする必要性を痛感しました。

困難校を志願して転勤

学校では三年学級担任であり、日曜日にはソフトボール部の練習試合・公式戦か韓文研活動があり、四週間五週間にわたって無休になることがあります。日曜に仕事がないときに断酒会の記念大会・研修会にいそいそと出かけます。

三月に断酒二年目の三年担任も無事終了しました。私のクラスではまたもや生徒全員が卒業してくれました。

卒業式の翌朝の早い時間に目覚めてぼんやりしていたら、またも卒業生の男の子と母親が玄関まで来てくれていました。簡潔なこころのこもった挨拶をして立ち去りました。

四月に河北高校に志願して転勤しましたが、今度の学校は偏差値三七の困難校です。困難な教育状況にある学校を一部の教員だけに任せていてはいけない、みんなで平等に重荷を担わなければならないと思っていたのです。困難校へ転勤する者が多ければ、困難校から転出できる人も多くなる。重荷は分担すればいいいと思っていました。

学区に高校の数が多いほど序列の勾配がきつくなるのは、ある意味では当然でしょう。当然、トップ校ができ御三家が生まれます。トップ校→進学校→準進学校→中堅校→準中堅校→底辺校→困難校という序列がそれです。私は困難校に勤務し、望みをなくしている生徒たちに「君にはこんな長所があるよ」「こうすれば学力を高められるよ」と言って励ましたいのです。

一学期の始業式の前日、生徒指導部から一片の紙をもらいました。縦に月、火、水、木、金、土、と記し、その右側に二Bとか四Fとか六Jとかのアルファベットが書いてあるのです。さらに紙に登校指導＝月＝①、下校指導＝金＝⑤という記入もあります。

私がいままで勤務してきた高校は二棟式の校舎です。つまり、北館と南館が渡り廊下でつながっているのです。河北高校は一棟式で、校舎の真ん中に廊下があります。そのためこの校舎は中廊下式ともいわれます。廊下の南側に一組から一二組まで普通教室が並び、北側に生物や物理、化学、地学、社会、家庭、音楽、書道などの特別教室があるのですが、それだけに異様なまでに横に膨らんだ大きな建造物になっています。かつて高校生の急増期を乗り切るために建設費の安い一棟式を採っていたのです。

始業式の日に中廊下を歩いて仰天しました。有名商店街ほど通行量が多いのです。歩いているとよそ見をしたりふざけている生徒の体が次つぎとぶつかってくるのです。気分が悪くて、「たまったものじゃないぞ」と思います。しかも地下道のように薄暗い。ずうっと遠方にキラリと不気味に光るものがありました。それはどうやら生徒のメガネレンズが斜光を受けて反射しているのです。

入室指導や下校指導などをしなければならない現実

授業のために教室に行っても仰天しました。チャイムが鳴ったのに誰一人着席せず、教室はデパートの特売場のようにごった返しているのです。しかも生徒たちには勉強に立ち向かおうという精神的な匂いが全然なく、盛り場の遊び人のような雰囲気があふれています。

五〇分間、私は生徒たちの私語に敗けないために、教壇を歩き、手振り身振りをまじえて大声で授業をしました。

授業のない時間帯にお茶を飲んでいると、同僚が近づいてきて、「入室指導をしよう」と誘うのです。空いている教員が、チャイムが鳴る二、三分まえに教室のまえの廊下に行き、あふれている生徒たちに、「入れよ、入れよ。授業が始まるぞ」と言いながら背中を押して教室に入れてしまう。それを入室指導というのでした。教科担当者もチャイムが鳴るまえに教室の内側から廊下にあふれている生徒たちの腕を取ったり、首に手を巻いたりしてひっぱりこむのです。

四階に一年の教室と一年用の職員室、三階に二年の教室と二年用の職員室、二階に三年の教室と三年用の職員室が入っていますが、授業時間帯に廊下を歩くと、グオッという地響きのような音が伝わってきます。それほど生徒たちの私語があふれているのです。

二日目もほとんどの者が授業を聴いてくれず、私はこの先が思いやられるわと思いました。しゃべりながら観察していると、机に教科書もノートも鉛筆類もださず、一心不乱に化粧をしている女子生徒がいました。彼女を観察しながら授業をつづけます。その子は机に手鏡を置いて、唇をすぼめたり、開いたり、舌でなめたり、唇を引いたりするさまを映しているのです。にんまり笑うさまも映しています。それからリップ口紅らしいものを塗りたくりました。そのあと、手鏡の角度を微妙に変えて、横顔も手鏡に写していきます。

今度は小さなブラシで入念なブラッシングを始めました。実に根気よく髪にブラシを当てつづけます。ブラッシングが終ると、また、鏡に唇を映しだしました。

堪忍袋の緒が切れた私は、鏡をしまって勉強するように出席簿を教卓に叩きつけて叱責しましたが、女子生徒はきっとした顔貌で私をにらみ、「ドスケベ！　女の化粧を見るな！」と咆えました。教室から笑い声はあがりませんでした。

授業のない時間帯にお茶を飲んでいたら生徒指導部員が、

「チェックポイントの立ち番、忘れてはるのと違います？」と言いにきました。先日もらった紙に二Bと四Fとかが書いてありましたが、それは二校時のまえのB、四校時のまえのFというポイントを示しているのだそうです。次の休憩時間に廊下にでて見学しました。長い廊下に男女のトイレが四カ所あって、トイレのまえに教師が手持ち無沙汰そうに立っている。その四カ所をアルファベットで表示していると生徒指導部員が言うのです。私は、

「喫煙の防止ですか」と訊きました。生徒指導部の教師は、

「立ち番しないと群がって吸うのですわ。それとケンカの防止にもなるんです」と答えてくれまし

た。彼は窓を開けて、

「休憩時間には校門の立ち番もしてもらっています」と門のまえに突っ立っている教師を指さしました。河北高校には正門、西門、東門があって、ひとつの休憩時間に三人の教師が立ち番しているということです。昼休みの五〇分間は廊下や門だけでなく、食堂も立ち番の対象区域だといいます。

「食堂の立ち番は重要なんですわ。立ち番を欠かすとカレーやうどんの順番争いから派手な殴り合いになることが多いのですよ。それと食後の一服を吸うやつもいてましてね」と指導部の先生が教えてくれました。断酒会員も感情のコントロールがすごく下手で問題を起こすわけだから、困難校の生徒がうどんの受渡しから大ゲンカになることは十分あるだろうと私は思いました。

立番しないとトイレに煙が充満する

六校時に授業のない教師が、下校指導に行きます。長い通学路の要所要所がチェックポイントになっていて、教師が立ちだしています。川の橋詰にも教師の姿がありました。私は私鉄のもより駅の改札口に同僚とともに立ちます。群がって帰ってくる生徒たちに、

「駅員さんに定期券を見せよ」と回りつづけるテープのようにくり返します。

生徒指導部によれば、生徒たちは親から通学定期券代をもらっても酒を飲むかタバコを吸うかに使ってしまい、無賃乗車をするのです。そして、改札では駅員をカカシのように無視して群がって通過していくのです。駅員にしても顔に険のある困難校生が怖くて、口をだせないらしい。

四時一〇分ごろに最後の生徒集団が改札を越え、私たちも二〇分間ほど歩いて学校に戻りました。学校は休校措置がとられたかのようにひどく閑散としています。終礼のあと、生徒たちがネズミの大群のように一目散に帰ったからです。

困難校ではクラブ活動がひどく不活発で、毎日練習しているのは野球部とバレーボール部だけです。野球では守っていてもバンドの処理が下手で、バンドした打者が二塁、三塁をまわってホームベースを踏むことがよくあります。サインの見落としも多く、絵に描いたような組織プレーを見ることは困難です。

授業がおわってすぐの立ち番は体にこたえます。

廊下の男子トイレのまえに立っているが、生徒の通行量が多くて見通しが利かない。数人の男子生徒が私に近づいてきました。どの子もニキビ面にニタニタ笑いを浮かべていますが、彼らが私を包囲します。私はラグビーで言うモール状態の人だかりの中心にいます。そして、私が押されて少しずつ移動していきます。アッという間にトイレから離されました。行動の自由を喪なって三分ほどが経ち、生徒たちが離れていきます。私はあわててトイレに駆けこみ、コンパートメントのドアを開けます。白い陶器の便器の底部から数本のタバコが紫煙をあげています。火の消えた吸殻も八、九本あります。トイレの天井に煙が充満していました。

一校時に授業のない月曜日に登校指導をしました。

もより駅の改札口から川の橋詰、その他の要所に教師が八時過ぎから立ちます。私と同僚は生徒たちにとっての玄関である下足室まえに直立不動の姿勢で立ち、一人ずつに一瞥をくれ、

「ズボンの裾が細いのではないか」
「スカート丈が短いのでないか」
「染め頭髪ではないか」

などとひとこと注意します。一〇人中九人までカバンをもたずに登校してきます。ほとんどの生徒が手ぶら通学である点で異様な光景になっています。彼らは教科書などを教室の机に詰めこむか下足室ロッカーにねじ込んでいるのでしょうが、教科書や副教材、ノートを家にもって帰ってもまったく勉強しないのですから、手ぶらで往復するのは悲しいですが合理的でもあります。

学校は八時三〇分が始業で、チャイムにあわせて三つの校門が閉められ、遅刻生徒は通用門をくぐります。そして長机に積まれた入室許可書から一枚抜きとって、氏名、学年、組、番号、遅刻理由を書いて提出します。受けとった教師が、教務手帳にその子ののべ遅刻回数に加えます。

河北高校の内規では、遅刻が一〇回になれば学年主任が訓告して八時登校一週間を課し、一一回になれば父母を召喚して三日間の停学の申渡しと七時四五分登校一週間を命じ、それでも性行が改まらないと五日間の停学に処すと定まっています。

中学校に生徒たちの現況を報告に行く

転勤してきて二か月ほど経ったとき、声がかすれるようになりました。それで耳鼻咽喉科に診てもらいに行き、酒好きらしい赤ら顔の医師が、

「大丈夫。声帯が赤くなっとるけど、心配せんならん病気ではない。大声をだしなはんな」と診断してくれました。そこで大声をださずに授業する秘策を考えだします。つまり、生徒たちにプリントを配布し、書いておいた文中の（　）に歴史的用語を記入させる。中大兄皇子、中臣鎌足、持統天皇、柿本人麻呂などの歴史上の人物はプリントに似顔絵を描く。そして、毎授業の終わりに提出させる。提出されたプリントには小学校の先生が使っているような花柄もしくは動物絵のスタンプを押して返却するというものです。

河北高校は中高連携の草分け的な存在で、一学期中間考査の成績結果がでそろったころ、教員二人一組で、中学校を訪問しました。河北高校に新入生を送ってくる中学校はおよそ五〇校なのですが、そのうちの四十数校に行くのです。私は一週間に二校を訪れました。中学校側では旧担任の先生がたが対応してくれ、卒業生の河北高校での生活ぶりに関心を示してくれます。公立中学校ではクラスに一人か二人が授業中に教室を抜けてでて、物影で喫煙するようですが、約五〇校からそうした子が河北高校に入学してくるのです。

私が卒業生の名前を言って在籍状況を簡潔に説明したところ、中学校の恩師が、

「へぇ。まだ通っとるんですか」と驚きの声をあげました。

毎年、河北高校には五七六人が入学してくるのですが、卒業までにおよそ百人が中退の道を選ぶのです。また、三つの学年を足すと一年間にやはりだいたい百名が退学していくのです。当時の日本の高校中退率が二・二％でありましたが、河北高校のそれは一七％前後でした。高校中退は普通なら人生の大問題でしょうが、河北高生はこちらが拍子抜けするほど、いとも容易に退学届を提出します。

学年が上がるにつれて教室の人数が減っていき、雨の日の高三の教室は閑散としています。

中学校訪問につづいて企業訪問の旬間がありました。継続的に河北校生を採用してくれている企業に二人一組に訪問するのです。企業は大阪府、京都府、兵庫県、奈良県、和歌山県にまたがっているのですが、一人当たり三社から六社を受持ちます。入社試験が終わる秋にもう一度企業訪問をします。

企業訪問では中学校訪問とは異なって卒業生に対する苦情が噴出することがあります。中小企業の管理職が困惑しているような顔を突きだして、「お宅の子入れてみたけど、手紙一本書けへん。何教えてはったんでっしゃろ?」とか「先生とこの子、仕事わからんようになったら、そこを飛ばしてやりよる。度胸だけおまんねんな」と言われました。苦情にはこころ当たりがあることばかりですので、私たちは管理職をまえに塩を撒かれたナメクジのように小さくなるしかなかったのです。

断酒会の例会には様ざまな効果がある

私は春先から断酒会の支部長になっています。

五条支部を任されると、いい支部にしたいと思うようになりました。新入会者の歩留まりがよく、既存会員の定着率・断酒率もよい支部にしたいのです。

支部長の任に就きながら例会についてあれこれ考えましたが、例会には色んな効用があります。

私は六つの効用があると思います。まず安心感という効用があります。例会の開催時間は夜間七時から二時間ていどだが、この時間帯は飲んでいたわけだから、例会出席の道中も加えれば、数時間確実に飲まずに過ごせるという安心感があります。二つ目に元気がでるという効用があります。困難な環境のなかで立ち直ろうとする新顔の意志と努力が、聴く者を元気づけます。飲まないで過ごしている人でも明日には不安をもっているが、新顔から酒を断つ明確な決意を聴けば、「俺もがんばるぞ」という気になるのです。

三つ目には客観視という効用があります。仲間の体験談を通して、自らの性格や感じ方、考え方の片寄りがわかってきます。例会場は鏡の部屋だという指摘がありますが、例会では仲間の存在が自らの合わせ鏡になるのです。

四つ目に人との接し方がわかるという効用があります。だいだいアルコール依存症を思う人というのは、人間関係が希薄であったり、それが苦手であったり、人間関係の意識が乏しかったりする人が多いが、そして、それゆえ、無聊《ぶりょう》を慰めるために飲んできたし、人との関係を壊して飲んできたのです。例会に出席することを通して、人としての振舞い方がわかってくるのです。五つ目は、わかちあいという効用です。アルコール依存症は、悲惨で孤独で他者を巻きこむ病気ですが、それだからこそ、「同じ体験をした人と出会いたい」と願いながら飲んできたのです。アルコール依存症としての苦しみ、悲しみ、悩みは例会場のアルコール依存症者同志でわかちあえます。家族もまったく同様です。

六つ目に飲酒を思いとどまらせる効用があります。他の会員が飲酒して悲惨な結果になったという話を聴くとき、自分はやめ続けなければならないと決意を深めるのです。

マンネリ化してしまった支部例会

支部例会には二〇名前後の会員・家族が集いますが、そのうちの数人はよその断酒会員です。ほぼ毎回、同じ顔ぶれになっています。語られる体験談も、会員・家族のそのときの心境によって多少変化することがあるのですが、大まかな分類では毎週よく似ています。私は支部長をしていて、「五条支部は危ない」と思いました。支部から新鮮味が喪われ、画一的な価値観で酒害体験が評価されてマンネリズムに陥っているからです。

断酒会には絶えず新しい血が必要なのですが、数か月にわたって待っていても新顔がのぞきに来ることもなく、入会する人も現れない状況がつづいています。

気温の高い五月下旬の例会です。

集まったいつもの顔ぶれで、こころの誓、家族の誓を朗読し、断酒の誓と松村語録も全員で唱和しました。ほとんどの人たちは、また一週間酒をやめられたと思い、感謝しているでしょう。継続的に例会に通っている人は、断酒に真剣にして熱心ですし、行動的です。同病相憐むの格言通り、断酒会の人たちは酒害者に大きな同情心をもっています。会員と家族は、他人の酒害を自分のもののように受けとめ、アル中地獄から救助してあげようとしているのです。

トップバッターとして野田さんが話します。

野田さんは職人で義侠心に富みやや国粋的な心情をもっています。二〇代末に酒害が出てきたのに節酒ができず、ナイフで小指を切りとして禁酒を決意したが酒はやめられなかったという体験を話しました。また、会社から飲酒運転をして帰っていたのですが、道路のセンターラインが二本であるかのように目に映るのです。片目をつぶると一本になることが分かり、十数年にわたって片目で運転したと言うのでした。

セカンドバッターとして吉野さんが話します。

吉野さんは高齢女性ですが、客観的にものごとを論評できて合理的な結論を導ける人です。夫が病没してからも例会に出席しつづけている吉野さんが、いつものように夫とのなれ初めや結婚生活を語っていきます。夫が優しくいたわってくれていたこと、札幌の大学にいたとき下宿のおばさんがどぶろくを飲ませてくれたこと、卒業後食品会社に入り、酒害がでてきたころは代表取締役をしていたことを話していったのです。

大江さんが話していきます。

大江さんも義理堅く情に篤い女性です。

名古屋の断酒会の記念大会に行ってきたこと、夫が入会しても最初の五年間酒をやめられなかったこと、その五年間には夫に薬物嗜癖もあったことを詳述しました。大江さんが三人目の子を生むとき、出産予定日が近づいているのに分娩費用がなく、友だちから借金していたことも打ち明けました。大江さんは記念大会・研修会の常連であり難儀な夫によく辛抱してきたことなどから、聴いているみんなが敬意を深めているようです。

石橋さんが体験談を披露します。

石橋さんには入院歴がなく通院治療で酒をやめてきた人です。

石橋さんは入会七年目に兄の法事があり、ついうっかり再飲酒してしまったと話しました。一回こっきりのスリップであったそうですが、運悪く飲酒運転で捕まって免許取消し処分を喰らったと語りました。石橋さんには深刻な離脱症状や連続飲酒発作などの症状が出ておらず、比較的軽症で断酒していると言いました。

そのあとも体験談がつづいていきました。

全員が話して例会が終りました。みんな家に帰っていきます。

例会場に酒に悩んでいる人が現われる

一週間が経って、また、みんなが集まりました。午後七時に例会が始まり、こころの誓と家族の誓を朗読し、断酒の誓と松村語録をみんなで唱和しました。体験談も語っていきます。この夜の例会も半ばに差しかかったとき、入口がガタガタと騒がしい。

見慣れない、六〇歳代格好の、慌てた様子の女性が例会場に現われました。女性は周囲を目におさめ、司会者に指名されたわけではないのに、みんなにむかって話しました。

「水橋というんですが、うちの人が酒飲みで苦労してまして…うちの人は六三で定年を迎え、それから朝酒に昼酒になって…病院に入院したら院内飲酒で強制退院になって、そういうこと二回あって…肝硬変になってても飲みたいらしいですわ。近所に息子や娘が住んでいて、二人からお金を恵んでもらって自販機でお酒買ってるんです」

　とまくしたて、司会者が目を白黒させています。例会が頓挫してしまい、野田さんが、「ご主人は何歳だね？」と聞きます。大江夫人は、

「この例会場のこと、どこで知りはったんですか」と聞きます。水橋さんが、

「七〇になったとこなんですわ。市役所の福祉課」。

　参加者はみんな、老女性をいい方向へ運んでやりたいと思っています。石橋さんが、メガネのフレームを指で持ちあげ、裸眼で老女性を見ながら、

「専門病院あるの知ってます？　まず、ご主人は病院に行き診断を仰ぐべきですね」と言いました。水橋さんが、

「知りませんわ」と言ってから手帳を開けます。誰かが、

「酒切れるの？」

「いや、今年の冬ぐらいから、切れ目なく飲むようになってます」

　もう体験談を交流させる雰囲気ではなくなってしまいました。私は水橋さんとみんなを交互に見ながら言います。

「水橋さん。今なすべきことは、ご主人と一緒に通院治療専門の小杉クリニックを受診するのがいいと思います。予約制ではないのですが、初診は予約しておいたほうがいいです。早く予約してほしい」と言って、小杉クリニックの電話番号を教えました。このクリニックは昭和五六年に大阪市内に開院された日本で最初のアルコール依存症を通院で治す医療機関です。老女性は、ありがとう

といいながら席を立つと帰っていきました。

息子は飲酒運転で骨折して入院中

翌週の例会にも新顔が来ていました。見るからに健康そうな女性が初老女性を連れてきているのですが、初老女性には幾重にも病んでいるような印象があります。いつもと同じように七時きっかりに開会を宣じ、断酒の誓と松村語録を唱和しました。そのあともいつもと同じように体験談の発表を行いました。八時ごろ、司会者が、

「初めてお越しいただいた北村さん、ひとことお願いします」と水をむけました。北村さんは外科病院の相談員であると名乗り、横の金山さんという女性の息子が入院しているのだと話しました。

初老女性は、ハンカチで顔や目をぬぐいます。みんなが注視しているのですが、すすり泣きの涙声がもれてきます。

「息子が飲酒運転で車を大破させ、人身事故を起こしまして、息子も骨を折って入院してるんです。主人と私がいくら説教しても酒をやめんです。飲んだら暴れるのですわ。包丁振りまして、主人や私を家から追いだすんです。飲まなかったら優しい子なんですが、飲んだら気違いですわ」

と言ってから、嗚咽に耐えています。その横の北村さんが、

「断酒会があるのは知っていましたが、来るのは初めてです。息子さんが退院したら通わせてもらえるのですか」

吉野さんがメモの手を休め、

「息子さんが外科病院に入っていて、アルコール医療を知らないという状況で…」と言ったとき、司会者はその発言をさえぎり初老女性に、

「アルコール専門病院にかかったことありますの？」と問いました。彼女は首を振りました。吉野さんが、ボールペンをぐるぐると回して、

「それだったら外科病院を退院してから小杉クリニックを受診することですわ」と言いました。

私が支部例会は停滞しているとかマンネリズムの域にあると嘆いていると、酒害に苦しむ家族が例会場に救いを求めてきました。例会は短時間混乱しましたが、五条支部のみんなは、アルコール依存症のひどさや家族の苦しみを実地に知ることができました。

どうしてもやめられない新顔

二度ある事は三度あるといいますが、六月下旬の支部例会に正真正銘の新顔のアルコール依存症者がやってきました。七時に開会を宣じ、こころの誓、家族の誓をそれぞれ一人が高唱し、断酒の誓と松村語録の一〇項目もみんながこころをこめて唱和しました。「さあ、今夜も体験談、がんばるぞ」という緊張が高まったとき、ひょろひょろとした感じの猫背の中年男が入室してきたのです。

みんなが注視するなか、その中年男は空席を見つけて座ります。私は男の曲がった背中、無精ひげ、卑屈そうな面相、両の目の奥にある悲哀の色から病気が進行しているのだろうと推察しま

した。例会出席者の目が好奇心に燃えています。「早く話を聴きたい」とみんなが思っているのでしょう。

吉野さんと大江さん、石橋さんがいつもと同じような酒害を話題にし、哀愁のにじむ体験談になりました。そのとき、懐かしい甘い酒の匂いがプーンと伝わってきました。急に参会者がキョロキョロと顔を動かし、新顔の男に困惑の色を向けます。

吉野さんが、いつものようにまだ断酒会と遭遇していなかった時代の右往左往ぶりを語りだしたとき、新顔の男が、

「あーあ」とつぶやき机に顔をくっつけ頭は両手でかかえました。司会者は気が気でないという表情を見せています。吉野さんの話が終ってから司会者は新顔に、

「今日お越しのかた、例会とはこんなものですが、自己紹介してもらえますか」と要請しました。男は、「俺け？」と素っ頓狂な声を発します。春木義彦と名乗りました。参会者たちの目が春木さんの顔に釘づけになっています。暗い声で春木さんが、

「どうしても酒を飲んでしまうねんわ、俺は」と叫びました。司会者が、

「やめようとしてもやめられないのですね」

「そういうこっちゃ。禁酒の貼り紙を何枚も書いても、仏壇で泣いて拝んでも飲むねんわ」

「それはね、アルコール依存症の可能性が大ですね。アルコール依存症になれば、飲まないでいると不安、不眠、焦燥、イライラなど不快な症状がでてきて、離脱症状というんだが、それを消すためにつぎつぎと一杯を飲むのですわ」と司会者。

それからみんながガヤガヤと離脱症状について話しましたが、みんなの結論ははっきりした離脱症状と連続飲酒発作の二大症状があれば、アルコール依存症の後期であるということに落ち着きました。

今日の新顔はみんなに虚ろな目を向けています。司会者が、

「春木さん、病院に通われていますか?」と問う。新顔が有名な専門病院の名をあげ、五日まえに退院してきたと告げたので、参会者は異口同音に例会出席の重要性を説きました。うんざりした春木さんという新顔が、

「俺のおやじ、アルコール中毒やった。子どものころ酒を買いにやらされたな。二歳のとき親が離婚しょった。俺、祖父母に育てられてたんやけど、三歳のときおふくろが勝手に再婚して、祖父母に迷惑かけよった。一年でまた離婚し、水商売始めたんやな。俺五つ六つのときからおふくろのスナックへ遊びに行ってた。そしたら客が俺に小遣いくれんねんけど、それが家の収入になってたな。伯父が田畑をもっていて、俺は小学校五年から田や畑で汗を流してきたわ。酒は中学へ入ったころから飲みだしてな」が語りだしました。

五条支部に新しい人が来てくれたので、自分の忘れかけていた酒害の生々しい現実を再確認することができました。

三人の新顔にも次に採るべきステップを教えることができました。つまり、マンネリズムの一面があった支部でしたが、いまはそれが払拭できました。

雨の日のレインコート

私は河北高校では進路指導部に所属していますが、三年生の就職試験が接近してきました。河北高生が就職する企業は経営規模が非常に小さい。

求人票を大会議室で公開したら、受験したい生徒が求人票をちぎって持ち帰る事例が三件つづいて起きました。面接の練習でも、面接順位をめぐって喧嘩したり、殴ったりすることがありました。河北高生だけの特質とはいえないでしょうが、自分本位に考えて他人の気持ちや利益をおもんぱからない輩が多いのです。

河北高校は単に勉強のできない生徒が集中しているだけではないのです。家庭の機能が不全であったり、家計が逼迫したあまり食に事を欠いたり、あるいは劣悪な住環境で六畳ひとまに親子がひしめき、勉強しようにも机がなく小魚の骨が乗った卓袱台ひとつという家庭が目立つのです。

私は河北高校に転勤してきてから困難校生の心象を象徴するフレーズに出会いました。「雨の日のレインコート」というフレーズですが、その言葉が意味することは、朝、目が覚めて雨が降っているとホッとします。バスや電車に乗っても、わたしの制服がレインコートで隠れるから…。だから雨の日が好きです、ということにあるのです。

悩ましい課題を背負った者ばかりを集めると、互いに合わせ鏡の作用がはたらき、隣りの席に座ったクラスメイトに自分の傷を見てしまうのです。自分の通っている学校の校章や制服に自信を持てない高校生はたいへんな数になるということを知りました。

河北高校は超過勤務校ですが、昨年は三人の教師が入院していたそうです。三人とも半月ほどで現職に復帰したものの、入院の理由は内科的なものであったが、背後に過労があるとささやかれていました。

私が転勤してきて一か月ほど経ったとき、私の町の住民で旧知の河北高校の同僚が入院したので、病院に見舞いました。

「困難校には展望がないよ。一番団結しないといけないのに、組合どころではないし…。討論や動員の時間がないし、そんな時間があれば眠りたかった」とベッドに臥したまま彼は陰気な表情で、薄汚れた病室の壁を見やりながら力なく答えました。

「毎日、蜘蛛の糸が降りてこないかと空ばかりを見上げているわ」

同僚は口の端をシニカルに歪め、芥川の『蜘蛛の糸』に描かれた、血の池地獄に沈みかけたまま空から垂れ下がってくる蜘蛛の糸にすがる罪人になぞらえるのでした。

七月中旬のことでした。私は職員室に居残って一学期末考査の採点をしています。午前中に日本史の考査がありましたが、解答用紙を受領してからは生徒たちがどれほど勉強してくれたのかと期待が膨らんでいます。

夕方、帰ろうと思いながらノロノロする

採点には一クラス三時間あまり要しましたが、散々の出来です。私はプリントを使って授業し、重要な語句や人名はプリント上の（　　）に挿入しているのだから、出題される可能性の高い箇所は事前に推断できたはずです。採点しながら家で勉強する習慣などまったく持ちあわさず、考査中でさえ机のまえに座らなかっただろう河北校生を罵倒したい衝動が走りました。それでも、「あと一枚」「もう一枚」と自身に言いきかせながら採点していくのです。勉強してきたことが示された解答用紙に出会いたいからです。

五時が過ぎて職員室に人影がなくなってしまっています。帰ろう、と私は思いました。自宅でも採点はできるし、テレビの音声を聞きながらしようと考えました。しかし、帰ろうと思いながら、どうしたら良いのかわからないのです。帰宅するまえに教室の戸締りを確認する習癖になっています。帰ろうともう一度、こころが指令を発します。帰ろう。帰ろうと思いながら、いつまでも座っています。帰ろうと思うのに、体が動かないのです。何か影のようなものが背後から追ってくるのが分かりました。じりじりと私を追いつめるように迫って来ているのです。首をはすかいにして、様子を窺ったが影は見えない。

帰ろうとするのなら、教室をのぞいてくること、カバンに詰めること、たったそれだけが億劫なのです。いや、億劫というような安直な生易しい状態ではありません。急な斜面を転がり落ちる感

覚に近いのです。

翌日も採点が終わり、帰宅しようと思って再び同じように金縛りにあいました。動きが思いの通りにならないから、今にすれば滑稽ですが足元や腰に目をやって、物理的に動けないのかと確かめたのです。足先はバタバタさせられるし、腰だって移動できるから、強力接着剤やワイヤロープによって縛られているわけではないのです。帰ろうと思ってから実際に部屋をでるまで半時間は費やしました。

数日間、頭に砂を詰めこまれたように午前二時ぐらいまで寝られなくなり、小杉クリニックの夜診に駆け込みます。私の不眠の訴えに、医師が「断酒しているんだね。寝られない？　眠る薬が必要なんだな。それはお安い御用」と答えてハルシオン（睡眠導入剤）をだしてくれました。

三人そろって入会届をだしてくれた

七月末に支部にうれしい悲鳴があがりました。先月、母親や妻、本人が例会の様子を見に来ていた三家庭がそろいもそろって入会届を私にだしたのです。一人でも入ってくれたら御の字と思っていたので、驚くとともに喜びも込みあげました。

水橋忠雄さんは水筒の水を飲むことで飲酒欲求をそらし、骨折の癒えた金山正春さんもTシャツ姿で、断酒に踏みきった春木義彦さんも屈託のない表情で例会場に出席しています。三人の明るい顔を見て、アルコール依存症者にとって酒はどれほど害のあるものか改めて痛感しました。私は三人が断酒に励んで幸福をつかみとってくれることを祈りましたし、微力でもそのことに力になりたいと思いました。

困難校には生徒には夏休みがあっても教師に夏休みはありません。毎日、進路指導や教材研究で出校します。

八月一三日の朝、進路指導部室のテレビが捜索現場を中継していました。前夜、日本航空のボーイング七四七便が、乗客五〇九人、乗員一五人を乗せて群馬県多野郡上野村の御巣鷹山に墜落していたのですが、夜明けをまって捜索が始まりました。画面いっぱいに樹木の枝や若葉が映っています。「生存者がいるようです」「生きているようです」というアナウンサーの興奮した声が流れ、そのあと、実際に四人の生存者が救出されました。

八月の最後の金、土、日に二泊三日の日程で全日本断酒連盟が主催する山陰断酒学校が島根県松江市で開催されます。私のカローラに水橋さん、金山さん、春木さんに乗ってもらい、木曜日の深夜に奈良市を発ちました。私は、当日の朝五時ぐらいの出発で受付け時刻に間に合うと言ったのですが、三人の家族が早く出発してゆっくり走ってほしいと懇願したのです。

中国自動車道を走って落合で降り、一般国道で中国山地を越えて行きます。暗い車内で私をふくめて四人が酒にまつわる思い出を学生時代の合宿のようにワイワイ語ります。初めて飲んだときの体験、もっとも多く飲んだときの状況、かけた迷惑の数々がごく自然に話してしまうのです。暗闇に投ぜられたヘッドライトに私たちの友情が浮かぶのです。

私は新人三人にきちんと断酒してもらい、それを継続してもらい、幸福になってほしいと強く願っています。こういう気持ちがどこから生じてくるのかはっきりしないのですが、私はそういう気持ちから三人に断酒学校への入校を呼びかけたのでした。松江市にむかってハンドルを操作しながら、私は「やめるんだ」「強く生きるんだ」とこころのなかで叫びつづけました。日野川の川面が見えだしたころ、夜があけ、私は「日航機が墜ちても生存者がいたから我われも酒をやめて生き抜こう！」とあまり論理的でないことを口走りました。

山陰断酒学校で一皮むける

市内中心部に会場の労働会館があり、研修は午後一時から始まりました。自己紹介につづいて「研修Ⅰ　断酒と断酒会」というテーマで体験談の発表が行われました。幻覚のでた話や泥酔保護になった体験や飲酒運転の体験が語られ、大概の人がいま自分は断酒できていますと結ぶのです。事務局によれば定員が二八〇人の大ホールに四四七人が座っているということです。途方もなく暑いし、人いきれが充満しています。クーラーも旧式で冷房効果がほとんどありません。

座布団一枚の領土で身じろぎもせず、ただ一心に聴いていくのは苦痛です。ゴザの敷かれた大ホールの正面に長机が並べられ、右手にも長机が並べてありましたが、夕方から専門病院の院長や医師たちが座り始めました。

休憩時間に右の指間からタバコの煙を立ちのぼらせて、水橋さんが、「熱気すごいでんな。酒やめようというもん多いゆうことでっか」と問いかけました。

「全国の断酒会でも熱心な人がここへ来るんでしょう」と私。

「三日間ここへ座って、大事なもん持って帰りまひょ」と水橋さん。

夕食後も研修があり、断酒人の雄叫びがつづきます。連続飲酒や幻聴の恐怖が特に印象的な体験談がありました。午後九時に初日の研修が終了し、三々五々七つの宿舎に向かいました。私は金山さんや春木さんと同じ宿になり、大浴場では背中を流しあいました。

部屋に布団を敷いてからも談笑がつづきましたが、そこへ別な宿から水橋さんも顔を見せ、私たち四人は成育歴について話し合います。金山さんが二歳のとき実母が病没し、継母がやってきて懸命に育ててくれたが、やはりこころの底に悲しみを宿しつづけたということです。春木さんも例会で語っているように父親がアルコール中毒で、春木さんが二歳のとき両親が離婚しています。

水橋さんも敷布団に胡坐をかいて、腕組みして、父親が小学校時分に自殺したことを打ち明けます。それから伯父や叔母の家をまわすように養育され、つらい思いをしたことを明かしました。ひょっとしたらアルコール依存症者には幼い日々から家庭的なことで悲哀をなめつくした共通点があるのではないかという結論になりました。

二日目も早朝から大ホールに座りつづけます。

猛暑のなか、頭のなかに体験談が詰めこまれ、ほとんど考える力がなくなっています。この学校には四国、近畿、北陸、東海からの参加数に劣らず、地元の島根、鳥取、山口、広島の各県が多い。午前中の研修時間には昼食と昼休みを楽しみにして耐え、午後の研修時間には夕食と休憩時間を楽しみにして辛抱しました。

休憩時間になれば、私たちの支部から参加している三人の新人に、「どうですか、酒をやめていくのにプラスになりますか」とか「がんばりましょう」とか声をかけるのです。

最終日は正午で研修が終了するので、それを楽しみで人いきれのなかに座しつづけました。正午きっかりに断酒学校の閉校式が終了し、もらった昼弁当をカローラに積み、奈良に帰っていくのでした。私たち四人は、三日間の研修で一皮むけています。酒をやめていく力を与えてくれる断酒会の一員であることが、また、酒をやめていることを喜んでくれる人がいることが幸せなことだと思い知り、よろこびで体が震えました。

今日一日だけにエネルギーを傾注すればいいのだ

酒はやめつづけられることを再認識できたことも大きなよろこびです。今日一日だけの断酒に心的エネルギーを傾注していけばいいのだと改めて知ったのです。激しい飲酒欲求にさらされても深夜一二時まで飲まずに過ごし、その方法をくり返していけば良いのです。

私は河北高校で仕事に追われて足元が見えなくなっていましたが、一日断酒と例会出席という原則をまもっていけば明るい未来を築けるのです。そして、日本中の断酒会につらなる会員・家族はみんな肉親以上の昔からの仲間だと思い知らされました。

松江市から郊外の公園でカローラから降り、川面や樹木や稲穂を見ながら私たちは弁当を食べま

す。金山さんが、

「あれだけ苦しい思いをしたのだから簡単には飲めないな」と漏らします。水橋さんも、

「苦しい学校やったな。断酒できてるのは幸福なこっちゃ」と言いました。春木さんが、

「やっぱり仲間が大切やな。三日間にわたって体験談を聴きまくって、袖振り合うのも他生の縁という心境になったで。学校に来ていた人も来ていなかった人も、出会った人も、出会っていない人も、深い宿縁で結ばれとるね」と感想を述べました。

帰路は休憩を多くとったので奈良市に帰ったときは夜になっていました。

九月になりました。

二学期の授業が始まりましたが、私は夜になっても昼間の緊張がとれず腰から首筋にいたる背面が硬い感じがします。ハルシオンを飲めばなんとか眠れ、試しに服用しなかった夜は一睡もできない。交差点で赤信号や青信号に出会ったとき、直進とか右折・左折・停止などの判断をしなければなりませんが、職員室で金縛りみたいになった日から判断に時間がかかるようになっています。また、人と接するときの心的な反応も鈍くなってきています。

教室では、病気か病弱かと思われる、青白い数人の生徒だけが静かに授業に耳を傾けてくれ、それ以外の連中は、夢中になって隣りと私語したり、弁当を食べたり、英語や数学の宿題を片付けたり、化粧をしたり、机に顔をくっつけて寝たりするので私の神経に障ります。数人は授業中でさえ教室内をうろうろ動きまわる始末です。

困難校では用務員にも被害がおよんでいます。一〇月に生徒が用務員に暴言を浴びせて威嚇する

事件が起きました。生徒が、

「こらっ、おっさん」と呼びとめ、「おい、畑ばっかしせんと、もっと仕事せんかい。アホ！」と怒鳴って胸ぐらを掴んだのです。中年の用務員が、

「アホとはなんじゃ！　学校の仕事もしとるわ」と冷静に応え、この件が生徒指導部に持ち込まれたわけです。実際、河北高校の用務員は校内のあちこちの空地を大小の畑に転用しており、野菜づくりに汗を流しています。本来は校舎の内外の環境整備、樹木の手入れ、湯茶の用意などが主な任務なのですが…。

河北高校は階層化していて、校長・教頭以外では部長・主任が実権をにぎっており、また一面では生活指導の困難さから、男性中心社会になっています。「肉体派」という自虐めいた蔑称がありますが、軍人さながらに体を張って校則を守らせる教師が多い。かよわいお嬢さん教師では、荒くれた生徒に立ちむかえないのです。したがって、河北には着飾った女性教師がいない。体操服を着て臨戦体制にのぞみ、長い髪も輪ゴムでたばねてあります。職員会議でも女性の発言はめったに聞かれません。

用務員たちが生徒によって蔑視されているのは事実です。用務員を見かけると、教室の窓からアホとかブスとか叫んで顔を引っ込めるのです。その光景はまるで児戯です。用務員には中年女性もいるのですが、その女性にむかって生徒が二階の窓から、

「処女！」とからかうのです。さんざん生徒たちに嘲笑され、本務を務めるヤル気を喪なっているのかもしれません。実際、大概畑にいるのが用務員です。ジャガイモ、アスパラ、大根、トマト、

キュウリ、オクラ、サツマイモ、豆類、中国菜…なんでも栽培し、収穫すればうれしそうに家に持って帰ります。確かに畑が仕事場のようになっています。

「バイバイ・スモーキング」を発行して喫煙に切り込む

ある日、職員会議で三年生の喫煙のひどさに論議が集中しました。

会議では廊下立番に関して新たなチェックポイントが提案されましたし、禁煙クラス決議を吸わない生徒がやって決議文を掲示する方法も示されました。前者には超過勤務に拍車をかけること、また生徒に威圧感を与えることが難点として合意されました。後者についてもクラス決議の重さを知らず、規範として作用しないだろうと判じられました。

三年学年団がそれではということでミニ新聞を発行し、まじめな生徒を守るとともに教師集団としての真情を吐露することが決まりました。ザラ紙の四つ切りサイズでいく。

バイバイ・スモーキング　創刊号　一〇月二一日　発行…三年学年団　下橋真奈武

みんなも知ってのとおり、三年生の喫煙状況は悪化する一方です。「タバコを吸わない、吸わせない」という真の友情がみんなのなかに育ってくれることを願っています。ところで先生も少しまえまで喫煙していました。一日二〇本のペースで一八年間、そのタバコをやめました。数日前のニュースです。咽頭ガンになり声帯を切除した人たちが気管を鳴らして、ふりしぼった声で禁煙を訴えていたのです。その必死な姿に感じるものがあったからです。河北高校の三年生の諸君、タバコをやめよう。自分のためにもみんなのためにも吸わないでおこう。

バイバイ・スモーキング　第二号　一〇月二二日　発行…三年学年団　江波匡夫

たのしみは他にないのか
ばか者めが
こそこそトイレに隠れて喫煙して
すこしくらい我慢できんのか
うんちするためにトイレはあるんじゃ
なめんなよ　くそったれ
やめられん奴は学校に来るな
めいわくじゃ
ロマンチックに生きてみろ

バイバイ・スモーキング　第三号　一〇月二三日　発行…三年学年団

二階の女子トイレを清掃しながら詠める歌三首　広岡あつ子

偽　紀友則

ひさかたの光のどけき女子トイレに　しずこころなく煙の立つらん

偽　山辺赤人

女子トイレにうちでてみれば　白妙の洋式トイレに灰は降りつつ

偽　若山牧水

高校は悲しからずや煙の白ヤニの　茶にも染みてただよふ

バイバイ・スモーキング　第四号　一〇月二五日　発行…三年学年団

タバコは百害あって一利なし！

今すぐやめよう！

白崎人麿

バイバイ・スモーキング　第五号　一〇月二六日　発行…三年学年団

諸君に禁煙をすすめる三つの理由

一・未成年の喫煙は六〇歳まで生きられないから。

喫煙しない人で六〇歳までに死んだ人を一とすると、未成年で喫煙を始めた人は、三・八倍になる。つまり四倍若死にする。喫煙と関係深い「咽頭ガン」の死亡は二十倍、「虚血性心臓病」による死亡は一〇倍も若死にする。

二・君の近くにいる大切な人ほど不幸にするから。

タバコの先からでる煙を副流煙という。これが本人の吸う主流煙にくらべてニコチンは二・八倍、タール三・四倍、一酸化炭素四・七倍、アンモニアはなんと四六倍というひどさ。君がタバコを吸うために、友だちや将来は妻や子といった最も大切な人に毒ガスを吸わせることになる。

三・喫煙は頭を悪くさせ、進路を狭めるから。

学校は君たちの能力を開花させるためにこそ存在している。これに反しているのなら甘んじて批判を受ける。しかし喫煙によって学習能力は三〇％ダウンすることを知っているだろうか。諸君が通学することとタバコを吸うこととは明らかに矛盾する。廊下が煙っているなんて学校ではない。求人活動に来た会社の人はどう思うだろう。

谷山

バイバイ・スモーキング　第六号　一〇月二七日　発行…三年学年団

喫煙で停学になった人に聴くと「友だちにつられて何となく吸いだした」という答えが返ってきます。深い考えもなしに始めたタバコがいつしか本数も増えてしまい、それなしには生活できなくなっていく…「何となく」始めたものに自分の人生を左右されるなんて、あまりにも情けないことだと思いませんか。

「体に悪い」と言われても目に見えて害がでるまでは誰でもどこかで「このくらいなら大丈夫やろ」と思いがちですが、はっきりと自覚症状がでるようになってからでは遅いのです。若い時分のツケが中年になってから回ってきて、仕事が面白いさかりに倒れたり、愛する人の子どもを流産したり、そんな悲しい目にあってからでは遅いのです。

また、タバコが有害な煙をだすものである以上、他人のことも十分考えなければなりません。今、学校でまわりの迷惑も考えず喫煙している人は、二〇歳をこえてもタバコを吸う資格がないと思います。自分も他人をも傷つけるタバコ、そんなものとの縁は一日も早く断ち切ってください。毎日発行されるこの新聞が少しでもみんなのこころに届くことを願っています。

椎原しのぶ

バイバイ・スモーキング　第七号　一〇月二九日　発行…三年担任団

僕は大学の三年生から喫煙するようになりましたが、タバコのCMを見て「喫煙はかっこいい」と思ったからでした。二〇代より三〇代、四〇代と年齢を重ねるにつれ、本数が増えていきました。しかし、タバコを吸って美味いと思ったことなどありませんでした。タバコをやめられなくなりました。喫煙して半時間ほど経つとイライラしてくるようになりました。離脱症状だったと思います。

僕がタバコを吸っていた時代には健康を害しているのだという意識と、人びとに迷惑をかけているのだという意識がありました。何度も挫折をくり返しながらも禁煙に成功しました。やめて一二年になりますが、①イライラ感がなく、②タバコを用意せずにすみ、③人に迷惑をかけずにすみ、④タバコ代が不要になって、気分は良好です。

タバコを吸っていないみなさん、変な好奇心から一本吸うことのないようにしてください。非喫煙こそ正しいしかっこいいのです。

タバコを吸っているみなさん、健康を害していることと他人に被害をおよぼしていることを毎日毎日イメージしてください。禁煙のためのモチベーションを高めてください。そして禁煙にチャレンジしてください。何度失敗してもくじけないことです。禁煙のための努力をしていたら、いつかやめられるのです。

広崎裕司

バイバイ・スモーキングは第二七号まで発行されました。バイバイ・スモーキングが発行されるまえに禁煙に踏切り、同紙で喫煙の害を説いていた谷山先生が、その数日後、職員室の片隅で苦しげにタバコを吸っている場面を私は目撃しました。

谷山先生は離脱症状に耐えられなかったのでしょうが、それ以上に「言うは易く、行う難し」という問題でしょう。バイバイ・スモーキングを受けとった生徒たちは、それで紙ヒコーキをつくって飛ばしていましたが、なぜか紙ヒコーキが喫煙の害を訴えている先生たちの体にぶつかっていくのでした。

私は学校で毎日、チェックポイントでの立ち番、登校指導、下校指導、入室指導に真剣に向きあっていますが、授業中に感じる無力感は大きいものがあります。働いていること、教えていることに積極的な意義を感じられない毎日がこの先も連綿とつづいていく気がするのです。

第三章　やってみなはれ！

問題が多発する困難校の毎日

金山正春さんが昨年末から例会を遠ざかっています。風の便りによれば、飲まなくなった金山さんを見て、母親や周囲の人が「もう治っている」と評するのだそうです。暗示にかかりやすくなっている金山さんが、その言葉を真に受けているらしい。

昭和六一年一月、私が二週間ぶりに通院した小杉クリニックの診察室のドアを開いたとき、内側から私の面相を見た医師が、

「うつが出ている」と小さく叫びました。私は、このあと永いこと遷延性のうつ病で苦しんでいくのですが、病気はこのようにして始まりました。医師は私に休養し、重要な決定をしないことを求め、うつ病は全快すると保証しました。投薬はハルシオンに抗うつ剤が追加されました。朝早く起き、洗顔し、歯ブラシを当てヒゲを剃るという日常の些事が大儀になってきました。しかし、休職など思いもよりません。

大雪の朝、泉州病院での初診から一滴も飲まず、一日も休まず働いているのだという自負から、衆人環視のなか、負け犬のような姿をさらしたくないのです。「仕事をしながらうつ病を治していこう」と思いました。

二月初旬に天理教第十二母屋で、一泊二日間の研修会がありました。座布団に座って体験談を聴くのですが、座っていたら背筋からイライラ感が込みあげてくるし、聴く力の低下も認めないわけには

いきませんでした。日曜日に県外行事があっても家でゆっくりしていることが多くなりました。

二月中旬の職員会議で私が新一年の担任団の一員に決まりました。これを受けて、翌日新メンバーが侃々諤々と新一年学年集団のあり方を議論しましたが、私は深井戸に落ちて地表のにぎわいを傍聴しているというような集団になじめない人間になっていました。

三月の中旬に入試あり、数日して合格者発表がありました。新担任団はさっそくクラス編成を行い、私の手元に四八人の個票が渡されました。個票が私のクラスの生徒であることを示すのですが、こころは沈んだままでした。

入学式から目がまわるほど多忙になりました。生徒へ、父母へ、教科担当者へ、担任団へ、教師集団へ、公務分掌へ、事務室へというふうに学校システムが動きまわり、私も乗り遅れたり、乗り損ねたりしながら必死です。困難校というのは教育していく上で困難な現象が現われている学校という意味ですが、四月中は生徒たちが猫をかぶっていると言いますか様子見に徹しており、まだ奇妙なまでに静かなのでした。

五月の連休が終わってから恐れていた通り、生徒たちは待ち構えていたかのように荒れだしました。

一年全一二クラスから火の手が上がります。授業中、女子生徒が女の先生に叱られた腹いせに、「ドブス」と叫び、中学時代に番長で鳴らした男子生徒が、トイレまえで立番している男の先生に「あっち行け、吸われへんやろ」と暴言を浴びせました。酒場で飲酒していて補導された件も二人とも一年男子でした。また、一年女子が無免許でバイクを飛ばして歩行者をはね、警察に逮捕されていました。

河北高校では授業中に抜打ち的に持ち物検査をしていますが、これはタバコやライターを校内に持ちこませないためです。連休明けに、ある一年男子のカバンを開けたらシンナー瓶が出てきました。生徒指導部が追及したところ、自宅での吸引を認めました。学校に持ちこんだのは友人にあげるためということです。

河北高校の正門を出てまっすぐ西へ五〇メートルほど歩いた辺りは住宅地になっているのですが、そこに小公園があります。放課後すぐに住宅地の人から「お宅の子、公園でタバコ吸ってるよ」という通報があったのです。生徒指導部が駆けつけると小公園の芝生に寝そべって、一年の同一クラスの男女五名が喫煙していました。こういう情報が次つぎ職員室に届き、担任たちはそのたびごとに青くなりながら、次は自分のクラスではないか、と戦々恐々としているのです。

毎日、家庭訪問に明け暮れる

連休明けから出席状況が際立って悪くなりました。

私のクラスは毎日、一〇人近くが欠席するのですが、半数ほどは家庭からの連絡がありません。遅刻も激増しています。登校指導や遅刻指導があるというのに、入室許可書を手に堂々と薄笑いを浮かべながら遅刻して来るのです。それから遅刻せずに登校したのに、三校時から五校時にかけていなくなり、六校時には教室に戻っているというナカヌケの事例も現れました。担任に願いでた公認の早退と異なり、無断で学校から逃げ去るトンズラも見られるようになりました。

　連休明けから家庭訪問の件数も急増しています。

　授業が二コマ開いていたらその時間内にすませますが、大学区制ですから通学範囲が広大で生徒たちは学校から遠く離れた所に住んでいて、勤務時間内の訪問は無理です。停学処分に伴う家庭訪問では親との面談も欠かせず、共働きの家庭で真剣に話そうとすれば、夜間八時以降になってしまいます。

　河北高生の住む家は、スプロール現象を絵に描いたような地域にあることが多い。いわゆる文化住宅の蝟集する一画があり、その横に高値で売ろうとする田圃が有刺鉄線に囲まれてあり、零細な工場も立ち並び、焼肉屋とパチンコ屋が人を集めているというような街なのです。どの家も玄関のまえに土嚢のような黒いビニール袋を三個も四個も並べているのです。それは要するに衣類などの季節ものを入れているのでしょう。家主との契約もあって、手狭になったからといって増築できず、季節の変わり目まで、衣類・扇風機・ストーブをしまってあるのでしょう。

　喫煙や対教師暴言、窃盗の初犯では一律三停になっています。つまり三日間の停学です。河北高校では同一日に三〜五件の停学処分が科されることがあるわけですから、教員は勤務時間外に忙しくなっているのです。

　私は連休明けから五月末までに四回も停学がらみの家庭訪問をしました。一軒目はやはり玄関横に黒いビニール袋が積まれてありました。玄関が施錠してあったのですが、父親らしいステテコの男が内側から開けてくれました。私は威儀を正して、姓名を名乗り訪問理由を告げましたが、男は「へぇ」と返事しただけです。そこで「お父さんですか」と問うと首を縦に振りました。父親なら、学校にはいつもお世話になっていますと挨拶し、今回の不祥事は面目ないといって頭を垂れるべきだと思いました。そして、お父さんは娘に三停が科されていることも知りませんでした。私がお嬢さんに会わせてほしいと言うと、父親は「いないよ」と答えました。家庭謹慎の処分を受けているのに、しかも夜半になっているのに、当人が留守というのでは話にならず、これでは停学を解除できず、私は憤然と踵を返しました。

二軒目では男子生徒が居間らしい部屋に座っていました。赤茶けた畳にマンガとカップヌードルの空殻が転がっています。点検していくと、三日間に課された課題がほとんどできていないのです。しかも保護者が記載すべき欄も空白のままです。停学を解除できるだけの到達点に達していません。

三軒目もスプロール現象が進行している地域にありました。工場があり、けばけばしい店舗があり、駐車場に隣り合って長屋がありました。戸口にはやはり黒いビニール袋が積まれています。玄関で母親とことばを交わしたのですが、息子の家庭謹慎に「申し訳ないことをしましたが、親の至らなさから起きたと思っています」と言って深々と頭をさげてくれました。停学生も意欲的に課題に取組み、他の勉強もやっていました。

四軒目は一階が食糧品店で二階が住居になっていました。店頭に立っていた両親はともに停学に触れず、顧客の少なさと景気の悪さを話題にしました。河北高生としては希有のことですが、個室をもっていてそこで課題に取組んでいました。電話もテレビも小型冷蔵器もある個室に私は違和感をもちました。

河北高校の家庭訪問をすると、私はいつも親こそがこころを入れ替えて懸命に生きねばならぬ、と思うのです。親こそ何か大切なものを求めて一心不乱に努力する姿を子どもに見せねばならないように思われるのです。それ以外に我が子への愛情とか期待とかというようなものも乏しい気がします。

五月の一年生関連では、停学課題を達成できなかったり、期間中に遊び歩いていたから、三停や五停が解除できず、七停に移行するケースがありました。

遠足の一日から生徒たちの真実が見えた

中間考査が終ってからクラスの遠足があったのですが、私は忘れがたい体験をしました。近鉄奈良駅に午前九時に集合し、興福寺や東大寺や春日大社に参拝するというプランです。集合場所は駅まえの行基菩薩像付近ですが、午前九時の時点で姿を見せたのは三人だけでした。私に事前に欠席の連絡をしてきていたのは六人です。九時半には一一人、一〇時に二四人に姿を見せました。一〇時半には二八人になりました。友だちに欠席の連絡をしていたのは二人です。つまり、一二人に連絡がないのですが、東大寺にむけて出発しました。

集まった生徒の服装も私の度肝を抜きました。大半の男子が黒シャツを着てサングラスをかけているのです。女子は超ミニで太ももも露わです。ぺちゃくちゃと口を動かし、時おりパチンと鳴らしているのはガムでしょう。女子はよく見ると、たぬきのようにアイシャドーをつけマニキュアと口紅をつけています。そして、男女とも足元を見ると、そろいもそろって白いエナメル靴を履いているのです。

興福寺にむかって歩いていくと、春日ホテルのまえの大通りに二五〇ＣＣぐらいの単車が置かれてありましたが、それに見入る我が生徒の目の輝きといったらありません。生徒たちの顔には宇宙の果てからやってきた異星人に見入るような異様な熱気と憧れが貼りついているのです。

私のクラスの生徒に仏像を見せたら、文句ばかり口にするのです。汚く、薄気味悪く、こんな仏さんが国宝だというのは信じられんと言うのです。興福寺阿修羅像については「目玉は薄目をあけてにらんでいるし、顔は三つもあるし、手もいったい何本あるん？　男の仏さんか女の仏さんかわからん。気持ち悪いやっちゃわ」と感想を言うのです。

遠足の一日、私はずいぶん気落ちしていました。

私のクラスは、六月になるとトンズラもナカヌケも常態化してきました。

欠席や遅刻、早退、あるいはナカヌケ、トンズラを示す黒ボールペンの線引きから出席簿が真っ黒になってきていますし、教室を清掃するはずの生徒がゴミ箱を四階から校庭にある焼却炉まで運ばず、ゴミ類は大きな黒いビニール袋に詰め、それが五個も六個も教室後部に並べられています。

河北高校は通常は考えられないことですが、食堂業者に生徒むけのアイスキャンディやアイスクリームの販売を公認しています。これは登校指導、下校指導、入室指導、遅刻指導、立番指導を行って教師の力で封じ込めているから、その埋め合わせとして飴をねぶらせているのだそうです。

教室のこととしては通常は考えられないのですが、黒ビニールからゴキブリが踊り出、それを見た若い女の先生が絶叫して裸足で駆ける事件が起きました。

日に平均して一〇人が欠席しているのですが、そのうち四人は五月連休明けから全体がつづいていています。私のほうから電話を入れたり訪問したりして、本人および親に接触しています。四人とも一応元気なのですが登校しづらい状況にあります。つまり、登校する時刻になると熱が出たり、下痢症状を呈したりすると言うのです。学校は嫌だ、学校へ行く理由がないなどと言う子もいます。

同棲していた全休の子

神庭愛子も四人のうちのひとりで、私が連休明けに訪問したとき、父親が家にいて、

「愛子は四国の伯母の家に行ってますわ。来週帰ってきます」と請け合うのです。担任―生徒としての期間が短くて批評するだけの材料がないのですが、神庭愛子は新学期早々の教室で容貌の点で注目を集めるに足る女の子でした。色白で欧米人ふうの顔立ちをしていて、胸が発達して腰がくびれていました。

河北高生の家としては大き目な住居の応接室で、父親が、

「愛子は薬剤師にしたい。開業資金もなんとか捻出して…」娘にかける愛情と期待を吐露しましたが、私は戸惑いました。河北高校では親の子どもによせる大きな愛情や子どもの自慢話など聞いたことがないからです。他の理由もあります。河北高校からは、大学と名のつく学校に合格する可能

性はほぼない。経理専門学校や自動車整備士学校さえ不合格になっているのです。だから大学の薬学部への合格なぞ到底見込めません。

「あの子は頭いい」

「小学校のときには毛筆書道で知事賞をもらった」

「夕食が終ったら皿を洗ってくれる」

自慢話ばかり聞かされて私の訪問理由に斟酌してくれないのです。そんな父親が、六月の末日の夜に私の自宅に電話をかけてきました。

「愛子が学校をやめると言いはって困っている」そんな内容です。

「なぜですの？」私が訊きます。

「男の子と暮らしてるんですわ…」と苦しそうに打ち明けました。高校生は頭から大人になっていくタイプと体から大人になっていくタイプに二類型化することができるのですが、河北高校は後者の例がほとんどなのです。

相手の男の子は母子家庭の一人っ子で、中卒で遊んで暮らしているらしい。父親は、

「愛子は昼間アルバイトしてまして…」とも言います。父親はさらに、いかにも切迫しているふうに、哀切感たっぷりに連れ戻してください、K市のK工業高校のまえのソバ処がアルバイト先です、とも言いました。

同棲場所を訪れたら、かえって愛子は親元からも学校からも遠のくだろうが、昼間のアルバイト先なら差障りがあるまいと思いました。

土曜日、車を飛ばしました。K市は学区外であるし、初めてです。駐車場に車を置くと、川が流れていました。よく見れば紫色に近い水面です。護岸工事のコンクリートの擁壁に黒々と塗られたハーケンクロイツが「小便するな！」の注意書きとともに目を奪いました。川面の底からたえず小さな気泡があがっています。遠くから少年が近づいてきますが、彼が肩にかけていたヘビが垂れさがって白い腹を見せています。

「神庭愛子さんの学校の担任でして…」と名乗り、ソバ処の若主人と対面したところ、彼は揉み手をして腰低く、

「今日は愛ちゃん、休んでいまして、体調がわるいようで」と頭もさげました。学校に籍のある高校生を昼間から雇っていることに、それなりの後ろめたさを感じていたようです。

「先生。暮らしているマンションはすぐ近くでして」と若主人が車のキィを握ります。案内しようと言うわけでしょう。車で一分ほどの所に来て、若主人が車から私を降ろし、そのマンションの一角を指しました。

マンションと言っても二階建てで、排ガスが層になって流れていくのが見えるほど空気がよどんでいます。しかも高速道路からひどい騒音が降ってきています。

振り返ると若主人の姿がありません。

私は階段を昇っていきます。何か気になる胸騒ぎがします。いわゆるワンルームマンションのようです。部屋のまえに立ったのですが、男がいれば腹を立てるでしょう。ブザーを鳴らします。もう一度鳴らすと、ゆっくりドアが開きました。若い男がわずかに開いたチェーンのかかったドアか

ら顔を見せたが、まるで子どもです。全然苦労をしていないような、遊び人のようなふやけた表情を私は見逃しませんでした。若い男が腰にシャツみたいなものを巻いただけであることに私はうろたえます。胸には毛がなくアルミニュームのように妙に生白い。この瞬間、愛子の父親から聞かされた中卒、定職にも就かず亡父の遺産で喰らってる男の子であることが頭をよぎるのでした。

「担任の中本でして…」と挨拶したら若い男がチェーンを外してくれました。小さな玄関には女靴があります。やっと一七か一八ぐらいの男の子がほとんど裸であるために目のやり場がありません。腰に巻きつけたシャツのようなものも落ちかけ、生白い胸から金色のネックレスがさがっています。

「神庭愛子さんが…いませんか…？」とカーテンの向こうも観察しながら訪問理由を明かします。言い終わらないうちに、白いくびれた腰と長い髪の垂れさがった女の肩が走っていくのが私の目に飛びこみました。それは一瞬でしたが、カーテンの奥から逆方向の部屋の隅に逃げこむ女の裸でした。女が消えてからも、下腹部の黒い繁みが目の奥の残像となりましたが、私は神庭愛子にちがいないと思いました。

　カーテンの向こうの部屋には布団の周辺にティッシュペーパーの花があちこちに咲いています。花はふたつ、みっつではなく畳にたくさん捨ててありました。

「神庭愛子？　知らんな」そう言ってから男の子は出ていけと身ぶりで迫りました。

　明らかに愛子でした。

愛子が登校しないまま日数がすぎ、台風が近畿を直撃し、大量の雨をもたらしました。

もともと愛子の父母は、愛子を迷わせたとして相手の男の子に悪感情をもっていました。ところが同棲の日数が長引くにつれ、婿にたいするような思い入れが湧いてきたのでしょうか、「先生。マンションを見てきましたわ。台風で壊れたか心配でして。にぎり飯を持って」両親が家出したと言っても愛子を可愛がるのは当然であるかも知れないが、娘を迷わせたと称してののしっていた筈の相手の男の子にも愛情を示し始めたのです。

台風見舞いの名目でマンションの窓ふきや床磨きに行くのが親心であるかも分かりません。そのうち、愛子の両親が男の子について、やれ面倒見がいいとか、やれ男前の部類であるとか、やれ褒めて人を動かすタイプであるとか、私は聞かされました。

再飲酒を告白した勇気ある人

松永久貴も五月の連休明けから全休がつづいています。この子についても私は居ても立ってもいられなくなり、電話したり訪問したり、あるいは中学校の恩師から働きかけてもらったりしたのですが不登校がつづいています。母親がパートに出ているのですが、久貴本人と父親はいつも在宅です。そして久貴が学校は嫌いだとか行く気がしないと漏らせば、父親も無理強いすることはできないと呟くのです。

吉沢陽子も全休組です。この子は心臓に持病があり、もより駅からゆっくり加減に歩いて登校していています。四月末に遅刻になった際、教師に面罵された上、毛染め頭髪だと決めつけられたのです。遅刻は遅刻として本人は認めたのですが、本人と親は罵倒されたこと、および毛染めと断定されたことに腹を立てて全体がつづいているのです。吉沢の親が中学校の旧担任に頼んで「赤茶けた頭髪は地毛である」と一筆書いてもらって、疑念が晴れたのですが、親と本人の怒りが収まらないのです。

荒山大輔の場合も親が一枚かんでいるのです。

大輔は勉強ができないが手先が器用であるため中卒で工場に出て働くつもりでいました。ところが中三時代の担任が、中卒は恥ずかしいとか高校を出ておかなかったら後々後悔すると自説を押しつけ、大輔の望みに耳を貸さないのでした。大輔の母も河北高校の世間的評価の低さを大輔のまえでこぼし、息子が河北高生であることを嘆くので、大輔にすれば立つ瀬がないのです。このため、大輔は四月中ごろから「来たいなかったのに河北に来てしもた」と嫋々と悲しみながら全体をつづけているのです。

出席簿は職員室の所定の場所に置かれていますが、私は日に何度となく我がクラスの出席簿を手にし、それを開いてため息をつきます。昨日までの長欠者が来てはいまいか、一校時に欠課だった者が入室してはいまいか、といった期待をもって出席簿を調べるのですが、そういうことは起こっておらず、現実はトンズラやナカヌケで出席簿がどんどん黒く汚れていく。

六月下旬のある夜、金山正春さんから、また例会に出席させていただきたいという内容の電話がありました。確か一年ほどまえに入会してきた人で、私と一緒に山陰断酒学校へカローラを飛ばした仲です。

「例会から遠ざかっていたなあ。なんでやったん？」私が問う。

「酒は止まっているし、体が楽になったし…。治ったように思ったんですわ」金山さんが答える。

「飲んだん？」

「飲みました。今はやめようと思て、小杉に通てます」

「例会に戻っておいでや」

例会での司会役は私にまわってきていました。六時すぎから会員・家族が集まり、しだいに賑やかになっていきます。野田さんや吉野さんの調子はずれのことばもみんなのこころに響いています。金山さんは部屋の下座に座っていますが、彼は机に視線を落としたままひどく小さくなっています。さっき行ったはずだのに、またトイレに立って行きます。たぶん、数日前から苦にしていたはずだ、再飲酒を告白することほど苦しいことはないだろう、と私が思います。七時に開会を告げ、参加者二三人で断酒誓約と松村語録の唱和を行いました。

金山さんにとって今夜の例会ほど敷居の高いものはなく、おそらく胸の鼓動も聞こえているだろうと私は推断し、トップバッターとして彼を指名しました。開口一番、

「金山ですが、酒を飲んでしまいました」と打ち明けました。

「ご無沙汰いたしておりました。昨年一二月中旬から例会を離れるようになりました。アルコール依存症が治った気がしまして…だんだん治った気が強くなって行ったんですわ。断酒会を卒業したんや！　と思いましたとき、身もこころも軽くなりましたな。断酒の誓や松村語録を読まんでええ、と思たとき、パッとこころが明るくなりました。

今年三月初め、一杯だけ飲もうと思たんですわ。一週間に一度、土曜の晩に一合だけ飲もうと思たんです。うまく飲めたんのは二週間だけ、一合だけでは足らんようになって来たし、土曜の晩だけではあかんようになって来たんです。

四月には元のアル中に戻ってましたな。毎晩、ビール一本に清酒三合が最低量でして、実際はもっと大量に飲んでました。日曜には昼間から飲んでました、ハイ。

私は断酒会の掟を破ったんですから処刑されても仕方ない人間ですが、もし許されるなら、例会出席と一日断酒の大原則に戻りたいです。今日で断酒六日目です」

金山さんの体験談にも拍手が贈られ、野田さんが立ちあがりました。

「言いにくいこと、よう言うくれた。その勇気に敬意を表したい。永くやめていてもアル中には飲むということが起こってくるね。金山さん、自分を責める必要ないでぇ」と言い放ちました。大江さんも手を挙げ、

「もう一度みんなで断酒していきましょうよ。今夜の復帰をスタートラインにして立ちあがってください。アルコール依存症は治りませんよ。でも回復していくことはできますわ」と激励しました。吉野さんも座ったまま、「例会の回数を増やしていけばいいように思いますわ」と話しています。

誰の口からも非難や攻撃のことばがでず、私は胸をなでおろしました。次の週にも金山さんが出席しました。

うつ病の診断書を提出した

七夕の日から五日間の日程で期末考査が始まりましたが、我がクラスに異変が生じました。四人の全休組は考査もすべて休みました。欠席勝ちだったひとりも考査をすべて休みました。そして、七月中ごろから下旬にかけて、神庭愛子、松永久貴、荒山大輔、三井博史の親が来校し退学届をだしました。

三者懇談会でしゃべらなければならないのに、服用している抗うつ剤のせいで、私の舌がもつれるのでした。親や生徒が質問している事柄に即座に返事できないことを思い知らされた三者懇談会でした。学期を通して、チェックポイントでの立番や入室指導、登下校指導がたいそう大儀であったことも事実です。

七月初旬のある日、教室に終礼に行き、生徒と一緒に掃除をしました。そのあと部屋に戻ると教務手帳が手元にないことに気がつきました。生徒名の横に出欠や学習成績を記録しているもので、ゆえなく紛失させたら停職処分を受けるほど大事なものです。私は机の抽斗やロッカーを血まなこになって調べ、書架やソファーの辺りも探しました。どこにもないので、私の胸の鼓動が烈しくなっていきます。翌朝、憔悴して出勤した私に病院の雑役夫のように疲弊した用務員が、

「昨日、トイレの洗面所に置かれてました」

と言って教務手帳を渡してくれました。つまり、私には記憶力にも差障りがでているのです。

私はコーヒーが好きでわりあいたくさん飲みますが、うつ病の診断を得たころからコーヒーの味にも異常が出ているのです。少々苦く、飲めばわずかに昂揚する点に私の嗜癖があるのだと思うのですが、うつ病になってから味覚が喪われている。カップに口をもっていくと熱いのは熱いのですが、それだけなのです。啜ってみても泥湯のような味なのです。

昨年、職員室から退去するとき金縛りみたいになったころから変調が出現し、それを起点にすれば精神的にすっかり正常化するのに丸三年間を要しました。私は車がないと生活できない山地に暮らしていますが、その三年間に車の修理費が二〇〇万円になりました。一四〇万円のカローラに二〇〇万円費やしたのです。抗うつ剤、睡眠薬、精神安定剤なども作用していたのですが、車が電柱やガードレール、ブロック塀に擦るのです。代車まで傷つけました。

進路指導部に所属していると、年がら年中、企業や専門学校や短大からの来客があります。指導部の人間が来客に対応するのですが、私は敏捷かつスムースに接することができなくなりました。生徒たちや父母、学校にこれ以上に迷惑をかけないために休職することになりました。

話が前後するのですが、私がうつ病であったころ、世間にはうつ病に関する誤解や無理解が多く、うつ病の診断書を提出するとき校長が気持ち悪げに私をながめました。

鍼灸治療がいいという人がいたので、鍼灸院に行きました。夫婦で治療に当たっていたのですが、ふたりはやはり気持ち悪そうに私を見ました。うつ病で休職していた時期に私の耳元に執拗にささやく誘惑のことばがありました。

「一杯飲めば、うつの霧が晴れるよ」

酒で憂さを吹き飛ばし、という有名な歌のフレーズがありますが、苦しさに呻吟していたら、酒を飲みさえすればうつ病が全快していくような錯覚に陥るのです。切れ目のない頭の重さと悲哀感に苦しんでいる者にとって、酔うということは希望です。誘惑のことばがこころに忍びこんできたら、私は例会場の体験談を反芻するのでした。

うつ病に苦しむ人たちは、朝のうちは落ちこんでいてたいへんつらいと言われています。そのため、布団から抜けでられない人もいます。午後になると、だんだん気分がましになっていくそうです。しかし、私のうつ病は一日中苦しいのです。昼も夜もジリジリと追い詰められていくような焦燥感と苦しさがあります。小杉クリニックの医師が、

「中本さんのうつには抗うつ剤がほとんど効かないよ。しかし、飲まないよりも飲むほうがましだから、飲んでね」と言って投薬してくれていました。

普通、うつ病は夜の就眠に苦労することがないが、早朝の覚醒に悩むことが多いとされています。私の場合、夜、寝床に入ってもなかなか寝入ることができず、毎晩一時、二時ぐらいまで悶々としています。朝、ザラザラした砂粒の混じったような粗悪な睡眠から覚め、よたよたと動きまわり、無理やり朝食を胃袋に押しこみます。

凍りつくような孤独感にさいなまれる

一日が始まりかけると、朝食後、禍々しい現実から逃げるためにもう一度ベッドに横たわります。そして、タオルを選ぶのです。純白やロゴ入りのものや華美なものは、なんとなくつらい気がして、私は薄い水色や淡いピンクのタオルを抜きとり、それをそっと眼帯のように両目の上に置くのです。しかし、これで眠れたことはたったの一回もなく、まさに究極の逃避という図でしょう。

私は身の置き場もないほど孤独です。

断酒会では体験談ならみんな熱心に聞いてくれるが、困難校での苦しさに共感を示してくれるものはいない。つまり、教員の断酒会員は癒され難いのです。

昼間、家にいても、同居の母は聾者といっていいほどの難聴で会話することができません。筆談したときは、いつも立腹したように「おまえはうつ病ではない。我が家はそんな家系ではない」と書いてよこすのです。午後遅く、子どもふたりが小学校から帰ってきますが、ふたりに愚痴を言うことはできません。妻は銀行員ですが、残業が多く、土曜日も店舗を開いています。夜半に帰宅した妻は、夕食もつくらねばならず、慢性的な超過勤務からヤマアラシの針のように神経が高ぶっていまして、私には取りつく島もないのです。銀行は思想的にひどく保守的であり、大企業や資産家にすりよっていく体質を有しています。一方、私は天皇制や日の丸、君が代に素直になれない人間です。要するに、眠れない寝床で凍りつくような孤独感にさいなまれているのです。

休職してから六か月が経ち、私はまた診断書を提出して期間を更新しました。

朝から寒風が葉の落ちた雑木をいじめ、枝先がヒューヒューと泣いています。

私が普通の食事を採れなくなって長いこと経ちます。口内が渇き、また食欲がないので、通常の固形物は喉が通りにくい。そこで茶碗に入れた牛乳に菓子パンをひたし、びっしょり濡らしたものを食するのです。夏場は毎日のようにソーメンに牛乳をかけて食べていました。いわば流動食のようなもので誤魔化しつつ生きているのです。

夜、普通の家庭ならば夕食後に団らんがあるでしょう。わが家でもふたりの子どもが、ストーブの火芯が赤く燃える温かい部屋で、妻とともにテレビを見たり、お菓子を食べたり、一日のあったことを話したりして、楽しく過ごしています。しかし、私はその部屋に入っていけないのです。なんとなく刃先のようなものが向けられていると感じるからです。そのため暖房のない隣室にいて、寒さにこらえながら、ただ時間の過ぎていくのをじっと凝視しているのです。夜が更けて母が消灯し、子どもも消灯し、妻も明かりを消すのです。最後に私がのろのろと立ちあがって灯を消し、真っ暗ななかで堅い体を弛めることもできないまま静物になりきるのです。

永かった冬が終わりました。

ある朝、新聞を読んでも文章の意味が分からなくなっていました。大見出しの意味することも小見出しの意味することも了解不能なのです。ページをくって記事に目を走らせます。ああ、やっぱり文章が読めない。背筋が冷たくなっていくのを感じながら、

「読解力がなくなったのか、それとも若年性認知症か」

とうろたえます。さらに数日が経った日、テレビをつけました。背広を着てネクタイを締めたニュースキャスターが話しています。その音声が聞こえているのですが、驚いたことには音声の意味が分からないのです。キャスターがパクパクと口を開閉してしゃべっていることは了解できるのですが、ことばの意味が解せなくなっているのです。私はハンマーで殴られたような衝撃を受けました。

「いよいよ狂ったか」と思いました。

冷静に考えました。ひどく疲れたときとかひどい二日酔いのときなど、一時的に文章の意味や話者のことば分からなくなったことは今までからあったのです。多彩なうつ病の症状のひとつに過ぎないだろうと思うようになりました。

春がめぐってきて温かくなり、私は朝夕二度たっぷり散歩するようになりました。海抜四百メートルの山地に春の息吹が訪れました。

峠から段々畑で耕作する老夫婦を見て、汗水垂らして苦しみながら働くしかないと思いました。隔週ごとに小杉クリックに通院すると、医師がにんまり笑いながら、

「七合目まで回復しました」

と言ってくれました。二週間後には八合目と言ってくれました。その二週間後には九合目になりました。四〇日まえまで頭重感と悲哀感でのたうち回っていたのですが、回復への分水嶺を越えると弾みがつくようです。

うつ病からの回復期に考え方が急変した

七月の終わりに復職したので休職期間は一年間におよびました。私がうつ病から回復しだした時期から復職したころにかけて、様ざまな点で考え方が急変しました。そのことを左に記します。

まず、この世にあるものはすべて繋がっていると思うようになります。

紀元前四世紀ごろ、揚子江の河口地方から稲作が北九州に伝わりました。稲作と金属器の文化は約一〇〇〇年間で関東にまでひろまりました。平城京の時代に稲の根刈りが広まり、鉄製農具が普及しました。『源氏物語』や『枕草子』が創作された平安時代に庶民の男性は、力仕事に適した水干《すいかん》や上衣《うわごろも》に小袴をつけ、女性は小袖のうえに短い腰衣をまき、大概、裸足でした。食事は朝夕二食で、間食《けんずい》を採ることがありました。米・麦・粟・稗の粥や栗などを常食していました。

鎌倉時代に農業の発達にともない、鍛冶、鋳物師などの手工業者があらわれ、定期市が開かれるようになりました。室町時代に金閣寺、銀閣寺が建てられ、枯山水が作られました。江戸時代、特に一七世紀に生産力がいちじるしく上昇しましたが、備中鍬や千歯扱、唐箕、金肥、農学、新田開発などがそれをもたらしたのです。

紀元前四世紀ごろの米が一度も死ぬことなく今日まで伝わり、私たち現代日本人がその米を食べているのだと言っても、ＤＮＡの観点からは間違っていません。

大昔は自給自足でしたが、少しずつ村の顔見知りの人びとが作るものを自分の生活に用いるようになりました。現在では、私たちは住むこと、着ること、食べることに関して、数多くの物に囲まれて生きています。それらの物の背後にとても数えきれない大勢の人間が後ろにぞろぞろ繋がっているのです。みんな見ず知らずの、顔の知らない人ばかりで、どんな人か見当もつきません。私たちの先祖を考えてみましょう。一代まえがふたり、そのまえが四人、そのまえが八人、そのまえが一六人、そのまえが三二人となっていきますが、三〇代まえまで計算すると一〇億何千人になるそうです。つまり、計り知れない無数の人びとの血液が私たちの体に伝わっているのです。ロシア人や黒人やイスラムの血液も現代日本人に確実に入っているのです。

要するに、私たち一人ひとりは生きる過程で、無数の人びとと繋がってきたのです。

グローバル化が進展していく今日、千年まえの日本の祖先だけでなく、国境を越えて、現在の中国、韓国、東南アジア、ヨーロッパ、アメリカの人びとの作った物を用いて生きているわけで、私たちは何十億のいのちと繋がっています。この世にあるものはすべて繋がっているということを仏教では縁起と言います。お釈迦さまの説かれた縁起とは上述したようなことだと思います。

生命科学によって多くのことが判明しています。地球上には二百万種以上の生物が存在していますが、みんなひとつの有機体として繋がっています。人間をふくめて、哺乳類、鳥類の体温はすべてほぼ同じで、セ氏三六度です。生理機能はみんな同じです。二百万種以上の生物がいますが、カビも大腸菌も植物も動物も人間も遺伝子は同じ原理にあります。つまり、あらゆる生物が同じ起源を持つことを示しています。つまり、地球上の生物は、間違いなくひとつの細胞から始まっているのです。

うつ病からの回復期に、人間には個人間の違いなど存在しないとひらめきました。断酒例会では感動的な体験談に遭遇します。もう自分とか他人とかの境界が意味をなさなくなるほど感激した夜、私は胴の直径が一〇キロメートルの人間を夢想してしまいます。人の胴回りは八五㎝とか九〇㎝とかでしょうし、胴の直径なら二〇㎝とか三〇㎝とかでしょうが、私にはそうした夢想があるのです。

「我（アートマン）」についてのお釈迦さまの考え

大昔のインド人は「我（アートマン）」ということを考えましたが、これは人間の精神的なよりどころといえるでしょう。事業に奔走したり、研究に没頭したり、我が子に夢中になったりするのも、事業や研究や我が子が愛しいからだと普通考えられます。しかし、本当は、「我（アートマン）」を愛しているからでしょう。我に連なるからこそ、事業、研究、子どもを愛するのでしょう。つまり、人間の連なりには「共通の自己」があるのです。私に「我（アートマン）」があり、あなたにも「我（アートマン）」がありますが、「我（アートマン）」は同じなのです。要するに、個人間の違いなどないことになってしまいます。

大昔のインドでアートマンについて混乱もありました。

多くの僧侶たちがアートマンのことを人間一人ひとりがもっている精神的なよりどころのようなものと考えました。つまり、一人ひとりに違いがあって、別々の「我」であると考えたのです。そのあと、お釈迦さまが出てこられた。そして、一人ひとり異なった、別々の「我（アートマン）」などというものは存在しないのだと主張されました。これが「無我説」で仏教の無我の思想として生きています。

やはり私は、胴の直径が一〇キロメートル、二〇キロメートルの、個人が一杯詰まった人間を夢想します。ごく普通の個人を何万人も何百万人もたばねた統合体のような人間を思い浮かべるのです。

断酒会に入会してからは人びとに支えられて生きているわけです。入会していなかったら疾《と》うに死んでいるでしょう。だから最初、「酒はやめられている。死ぬべきはずの自分が生きている」と心底不思議な気がしました。当事者としては、生きていることに他者の力を感じざるを得ません。死ぬしかない者が現に生きているということが、自らを外から冷静かつ客観的に見つめることに繋がって行きます。

私は「私が」「私が」と思って生きてきました。「私の家族」、「私の利益」、「私の夢」、「私の仲間」…と思って生きてきました。ところが、「私」は存在しないのではないか、「私」は人為的に創られたものではないか、と思うようになったのです。

お釈迦さまは、自分の感覚を信じるなとくり返し戒めておられます。目に見えるもの、耳に聞こえるもの、鼻に匂うもの、舌に味わうもの、皮膚に感じるもの、そういう感覚器がとらえた情報が脳に伝わります。そして、「私」は確固として存在すると思います。しかし、脳がイメージを浮かべ、認識し、記憶したものは真実ではないとお釈迦さまが説いておられます。お釈迦さまは修行の結果、「私」というものも「意識」というものにも実体がないと悟られた。

仏教が日本に伝来し、日本で広がっていくにしたがって、無我説が深められ、「無心」とか「一心ひたすら」とか「一生懸命」とかになっていきました。日本人が好む世阿弥の「初心」も無我説から来たものです。

「是非初心忘るべからず。時々の初心忘るべからず。老後の初心忘るべからず。命に終あり。能に果てあるべからず」と世阿弥は述べています。

一心ひたすら命を惜しみ、仕事や家事、また、趣味に打ちこむのがいいのです。一生懸命にやっているうちに自分のことを忘れてしまいます。自分の体裁や利益、立場を忘れてしまいますが、これもお釈迦さまの言われた「無我」の一種です。自分を忘れるというのは、自分の我執を捨てることだからです。

もっと日本的な勉強法を活用すべきだ

私はうつ病から回復しだしたころから、実際に復職を果たしたころにかけて、色いろとひらめくものがあったのですが、それをもう少し記していきます。次にひらめいたのは勉強法についてです。

教科書を黙読し、参考書にマーカーを塗って、視覚で理解するというのは母集団における成績上位一〇％に向いた勉強法です。私は学校教育の場では、もっと日本の伝統的な勉強法を採るべきだと思います。すなわち、とにもかくにも机のまえに座り、「読書百遍義自《おのずか》ら見《あらわ》る」の格言通り、高らかに朗読する。くり返しくり返して声をだして読みこむ。そして、重要と思われる箇所はていねいにノートや紙に写す、というやり方です。先生が大切だと言った文言は暗唱します。

昔、日本人はいい書物にめぐり合うと、それを全ページ一字一句残らず書き写しました。現在はコピー機が普及しているし、比較的廉価で新しい本を購入できますが、昔は本をまるごと写しとり、大切なことを頭に入れました。

筆写は精神衛生的にもプラスなのです。活字のような丁寧な字体でノートに写していくと、雑念もストレスも消え去り、明々朗々な精神がみちてきます。文字の形をじっと注視し、文章を文法的に把握しつつ指を動かすことを通して、脳が活発に活動するのです。

出版社は、芥川賞や直木賞をとった作家の新刊を大々的な広告で売りだします。そして書店に行くと新しい小説本がズラリと並んでいます。まさに若手作家の洪水ですが、気になることがあります。鷗外、漱石、藤村、荷風、川端、水上らの本が見当たらない。近代日本の背骨に当たるような人たちの作品が書店に置かれていないのです。そして、せいぜい賞味期限が一年か二年の、すぐ消えていく作家の本を所狭しと並べているのです。

薹《とう》のたった文豪のものよりも、話題の新進作家の本のほうが利益をもたらしてくれるからでしょう。

同じようなことが学習参考書にも見られます。

現代文、漢文、古文、地理、日本史、世界史、生物、物理、化学、英文法、英文解釈…それぞれの分野で絶対的な名著とよばれる学習参考書がありました。そうした名著が、内容が少しも古びていないのに絶版になっている場合が多いのです。一番優れた商品が売れ筋ナンバーワンでないのはどの業界にも当てはまるでしょうが、学習参考書の場合、資金力に物を言わせ、大々的な広告を打ち、金色や銀色のオビを巻いて、売らんかなという装丁で勝負をかけてきます。

売れるから並べる、売れないから並べない、ではないと思うのです。日本文化を高いレベルのものにするために、売れにくい本だが内容がいいから並べつづけるというのが書店や出版社の心意気だと思います。

低学力の克服は学校だけでなく社会の大きな問題ですが、小学校や中学校における学力の中・下位層での勉強法は変える必要があると思います。現在の子どもに支持され難いのですが、まず視覚による勉強法に別れを告げるべきです。視覚に依拠した勉強法は成績上位一〇％のものでしかないのです。

若者に嫌われそうですが、まず机のまえにきちんと座り、声高らかに音読する、重要な文言は暗唱し、大切な箇所はノートや紙にていねいに書き写す勉強法を復権させるべきです。日本人がこういうことをやっていれば、時間がかかるでしょうが、文化がかならず向上する、いい方向にいくと思います。人間的な温もりのこぼれる、深みのある文化が再生すると信じています。

近年、日本人はパワーポイントを多用して講師も受講者もなんとなく理解した気になっています。しかし、講師のことばは受講者の右の耳から入り、容易に左の耳から抜けていると思うのです。パワーポイント上の写真も活字も網膜からすぐ消えていきます。

本当に理解させたいのなら、講師が黒板を背にしてチョークを手にして立ちます。そして、受講者にテキストを朗読させせます。それから講師がその要点を黒板に書き、受講者がそれをノートに筆写すればいいのです。

ことばが人を幸せにしてくれる

古代の日本人は、日本のことを「言霊《ことだま》のさきはう国《わ》」と表現していました。信じていました。ことばに霊があり生命が宿っていて、人を幸せにしてくれるのだと考えていたのです。教室でひとりの子どもが、名前を呼ばれたらすくっと起立し、教科書を朗々と朗読します。そのあと、みんなが一斉に声を出してそのページを読みます。また、先生に指された子どもが暗記している文章を誦します。ことばに力があってこそ幸せをもたらします。

今日、中学生や高校生が授業中に教科書の朗読を指名されたら、多くの場合、まず教師に嫌な顔を向けます。昔なら、「ハーイ」と元気よく返事して、すくっと机の横に起立しました。教科書を立てて、背筋を伸ばしました。今日、名前を呼んでも、ほとんどの場合、返事しません。そして、超大型芋虫のようにもぞもぞ動いてから、極端に小さな声量で、たどたどしく読んでいくのです。ここには、教科書朗読は他者に聞いてもらうためのもの、という発想がありません。少数、名前を呼ばれたら起立して朗読すべきもの、ということが分かっている子もいますが、そういう子でも直立不動できないのです。老婆のように膝と腰を曲げて立ちあがり、机に教科書と両手を置き、上から見下ろして詰まりながら読んでいくのです。

今日、大人もふくめて日本人が朗読下手になっているのは、机のまえに座り、高らかに本を朗読し、暗誦と筆写に明け暮れるという伝統的な勉強法をうとんじてきたからでしょう。私は、うつ病から回復しだしたころ、学校に戻ったら音読と暗誦と筆写を重要視して、「言霊のさきはう《わ》国」をめざそうと思いました。

学校の先生は流行のきれいな服を着る必要もないし標準語を話す必要もありません。だぶだぶのズボンを穿き、ヨレヨレの背広を着て、袖口にはチョークの粉をいっぱいつけ、地方語で話していればよいのです。そして、「読書百篇義自ら見る」式の授業をやっていればいいのです。

日本の学校でも生徒一人ひとりに一台ずつ教育用パソコンをもたせて授業を進めようという動きがあります。デジタル教科書の普及も進めるそうです。パソコンを生徒にもたせさえすれば学習効果が上がると多くの識者が見ていますが、むろん私は賛成しません。私は、成績の中位層から下位層には朗読、暗誦、筆写を主体にした日本的な勉強法が欠かせないという牢固な信念をもっているのです。

今の日本の学校は学力の中・下位層にも成績上位一〇％向けの、視覚による勉強法で覆われているのです。朗読や暗誦や筆写に打ちこんでいくと、脳細胞が刺激を受けて多幸感をもつに至ります。幸福を感じる勉強法こそ王道ではないでしょうか。

朗読と暗誦と筆写に配点する

うつ病から回復しだしたころ、復職後の日本史の授業法を考えました。

私は音読すること、暗唱すること、ノートにきれいに重要箇所を楷書で写すことを重要視してやっていこうと思いました。声を出して朗読することには大きな効果があります。黙読だけでは聴細胞に訴えることはできませんが、音読は聴覚のレベルで感受できます。目と耳を通して感受したものが次第に脳によって情報化されていきます。耳も活用すれば、情報量が倍加します。目で見、耳で聞いたものがニューロンに届いて認識にまで進みます。そうして認識したものが脳のなかのなんらかのイメージに合致するという大脳の働きがあるのです。ここまで来て、理解となるのです。

くり返しくり返し音読すると、その音声はホログラフィー的に脳の全体に繋がりをもつようになるのです。大きな声を発して本をくり返して朗読すれば、意味のある文章でも意味が気にならない状態になり、脳の全域を活性化します。意味がわからなくとも、わからないままに大きな声で音読していくと、全身がその音声に共鳴し、気分がよくなっていくのです。

私は復職すれば日本史授業で、テスト点以外に朗読、暗誦、筆写に配点しようと考えました。授業時間に教科書を正しく朗々と朗読すれば、それを評価するのです。だから生徒にすれば教科書を教室の机に捻じこんでおいたり、下足室のロッカーに詰めこんでおいたりする愚を改め、家に持って帰って、音読の練習をなすべきなのです。

教科書や史料集の重要箇所をレポート用紙に印刷したようにきれいに楷書で写せば点数になりますし、私への提出枚数が多ければ多いほど点数になります。

暗唱するのは日本人の歴史に欠かすことの出来ない史料三つです。それぞれ三つの学期に対応して、暗誦が審査されるのです。一学期には聖徳太子の定めた憲法一七条です。これは、当時の役人が統一国家の原理を宣明したもので現代の生徒が声を発して誦しているうちにはっきり理解できるでしょう。二学期は万葉集に入っている貧窮問答歌です。これは山上憶良が筑前守として地方農民の生活の実情を詠んだものです。

三学期は日本国憲法の前文が暗唱審査の対象になります。

復職は夏休み中でしたが、すぐ二学期になり私は生徒たちに新しい目的や方法を話しました。嬉しい誤算は、朗読、暗誦、筆写を支持してくれる生徒が予想以上に多かったことです。新学期の到来とともに体を張った教育活動に打ちこみました。

授業の空き時間には、始業のチャイムが鳴る二、三分まえに教室まえの廊下に行き、生徒たちを教室に押しこみます。腰や背中を押して、ぐいぐいと入口から入れてしまいます。授業担当者も内側から腕や肩や腰に手をかけて、引き入れてくれます。

また、廊下のチェックポイントや校門、食堂でも立番を行います。早朝の登校指導にも放課後の下校指導にも積極的に取組みます。

私は休職まえ、河北高校の教師たちを総動員した、生徒封じ込め教育が嫌いでした。まちがっているとさえ思っていたのです。しかし、封じ込まなかったら生徒たちが横道にそれてしまうのは火を見るよりも明らかです。きびしく管理し、抑えつけることが必要な人たちなのです。生徒たちは四八名×一二クラス×三学年＝一七二八名、常雇の教師は定数法でクラス数（三六クラス）×二倍＝七二名と決まっています。頭数としては教師がたいへん劣勢ですからこそ、教師たちに一枚岩の団結が必要なのです。

生徒に対する考え方が変化しました。

河北高生は幼いときからペーパーテストの低得点によって邪魔者扱いされてきて、私はかわいそうだと思うようになりました。中廊下式のまるで要塞のような校舎で、青春をすごさねばならない点でも河北高生がかわいそうに思えてきたのです。成育歴においても河北高生は一般的に歪んでいることが多いわけですが、その部分も気の毒だと思うようになりました。

生徒たちと気心を通じあえるようになった

登校指導、下校指導、入室指導、チェックポイントでの立番、自習での監督など生徒たちと接する時間がたくさんありますが、そういう時間を捉えて、彼らと芸能人やプロ野球やテレビ番組などを話題にして雑談を交わしたりするようになりました。その結果、急速に生徒たちと気心が通じあえるようになったのです。

論語に「過ちて改めざる、これを過ちという」（衛霊公篇）ということばがあります。過ちのないことを目指さなければならないが、過ちは人間である以上まぬがれない。絶対に実現しなければならないことは、同じ過ちをくり返さないことです。封じ込め教育を批判していたかつての私は、過っていたのでした。

開校以来、大勢の教師が編みだした封じ込め策ですから、現実的には妥当なものばかりです。私は、空いた時間があれば私に課されたもの以上の立番をしました。授業のない時間帯には通用門や通学路に立ち、遅刻してきた生徒たちに声をかけるようにしました。ポケットマネーで買ったビニール傘数十本を雨の放課後、傘を忘れた生徒たちに与えたり、急病で歩いて帰られなくなった生徒を車で自宅まで送ったりするようになりました。

やはりいつも、生徒にアイスクリームやジュースを奢るようになりました。

しかし、復職していても私にはうつ病の後遺症のようなものがありました。

孔子のことばが復職してからの私を支えました。そのひとつは、「徳孤ならず、かならず隣あり」です。人格的なすばらしさは、孤立したものではなく、いつかかならず広く世間に受け入れられるというものです。だから焦ってはいけない。他者を中傷してはならない。評価される日を一生懸命に精進しながら謙虚に待つべきだという意味にも通じます。

ふたつ目は、「人の己れを知らざるを患えず、人を知らざるを患えよ」ということばです。他人に認められることよりは他人を認めることに努力しなければならないという意です。私は、復職してから他人を見ればその人の長所、美点をさぐるようになりました。

ある日、二年生の男子生徒が職員室の私を訪ねてきました。話を聴くと在日韓国人で、日韓の関係史を教えてほしいということだったのです。在日問題は避けて通れないから、というのがその理由でした。私は職員会議で、この件を報告するとともに希望者がいれば、学習会への参加を認めると連絡しました。校内でポスターを掲示したりして、もうひとりの男子生徒も参加して、ふたりだけで韓文研が門出しました。ただしクラブ活動（部活）の要件を満たしていないので、同好会活動として存続していきます。河北の韓文研でも一世の渡日談の聞取りをするようになりましたが、河北にはソフトボール部ないので、私の週末における時間的拘束は前任校よりも緩やかでした。

もうひとつは教師にも動きが出てきました。私をふくめて三人で、週に一度、一時間程度、コーヒーを飲みながら在日問題を学びあうことになりました。

私の新方針を生徒たちが支持してくれている

翌年四月から日本史での朗読、暗誦、筆写指導を本格実施するようになりました。日本史三クラス、世界史二クラスが私の担当で、日本史は受講する生徒が一四〇名ほどです。約一四〇名が三つの学期で暗誦ぶりを発表するわけですから、教務手帳を手にしている場所ならどこでも審査に応じ、教務手帳に審査結果を記録することにしました。

新学年の三つのクラスのそれぞれの第一回授業で、いままでの授業の状況や生徒の反応、および評価などを詳しく話し、さらに今後、朗読、暗誦、筆写に重心を置いた授業に変えていくと説明しました。

私は、第二回授業のため教室に行きました。ふだんなら、教室のまえは通勤ラッシュの駅のプラットホームのように混雑していて、そのためチャイムが鳴るまえに教室に入り、内側から生徒たちを引っ張りこまねばならないのですが、今日は潮の引いた浜辺のように教室がしんとしているのです。腕時計に目をやりましたが、校時は間違っていませんし、創立記念日でもありません。教室内には誰もいない気がします。

ドアを開いた私の視野に飛びこんできたのは、真剣かつ静粛に勉強する生徒たちの姿でした。ひとり残らず何かを紙に書いています。近くの生徒机をのぞくと教科書の重要箇所をレポート用紙に筆写しているのです。私は感激して欣喜雀躍《きんきじゃくやく》しました。

出席者点呼も簡単に終わりました。

いつもなら生徒名を呼んでも私語の洪水にかき消されるので、バチンと出席簿を教卓に叩きつけ、静寂を取りもどした瞬間にまた生徒名を怒鳴るのです。ひとり、ふたりの名前を怒鳴っているとまたまた私語洪水が満ちて来、腹を立ててまたまたバチンと叩き、名前を怒鳴り、バチンと叩き、名前を怒鳴り、バチンと叩き…とひどく気分が悪くなるのでした。今日、点呼がやすやすと終わったあと、プリントを使った授業をしながら、筆写に取組んでいるみんなを大ぼめしました。さすが授業になると多少の私語がありましたが…。

授業が終ってから生徒たちが筆写したレポート用紙を私に提出しました。それを職員室で仔細に点検しましたが、さすがに楷書で書き通したものはありませんでしたが、大半はきれいに丁寧に書いてありました。

別のクラスに授業に行きました。

教室まえに生徒はひとりもいませんが、教室内からにぎやかな人声が響いてきます。ドアを開くと驚いたことには、教卓上で胡坐《あぐら》をかいて生徒たちに対面している大男がいました。その男子生徒は河北高校の有名人で、体重が一〇〇キロもある留年生で、中学時代は番長として鳴らし、今は担任以上に生徒掌握力をもつ存在として知られています。

よく見ると、その猛者がモップの折れた柄を指揮棒してコンダクター気取りで腕を振っているのです。生徒たちは椅子に腰かけ、教科書は声をそろえて朗読しています。コーラスやオーケストラにはコンダクターが欠かせませんが、教室の朗読に指揮棒を振るのを見るのは初めてです。

教科書は、本文と細字の補足と史料に分かれているのですが、猛者がモップの折れた柄を振って、全員の朗読、女子生徒の朗読、男子生徒の朗読、学級委員長だけの朗読というふうに区分けさせているのです。それが構成詩のように見事なハーモニーになって聞いていて耳に実に心地いいのです。私は、朗読のあり方を根底から揺るがしてコペルニクス的転回を図っているのか、とうなったものです。

朗読の試運転を見せてもらったあと、授業に入りました。授業はプリントを使って展開していきましたが、朗読の練習を経ていたためでしょうか、たいへんやりやすかったのです。日本史の三つ目のクラスに行きました。廊下には誰もあふれていません。教室はぎやかです。それは生徒たちが早くも憲法一七条を暗誦しつつあるからです。女子生徒が目をつぶって、

「一に曰く、和を以て貴しと為し、忤《さから》ふることを無きを、宗となせ。人皆党《たむら》有り、亦達《さと》れる者少し」と口を動かし、また別の女子生徒が史料集から目をあげ、

「二に曰く、篤く三宝を敬へ。三宝とは仏・法・僧なり」

肥満体で短駆の男子が、

「三に曰く、詔を承りては必ず謹め。君をば則ち天とす。臣をば則ち地とす」

ふだんなら、悪ふざけをしたり、教室内を立ち歩いたりするのですが、今日は真剣です。私は意味がわからなくともいいのだと思いながら暗誦風景を見ていました。朗読をくり返していけば、ことばの響きが聴細胞と脳を刺激し、こころからヤル気を引きだしてくれるのだと私は考えていました。

うつ病で休職したころ、苦しさにのたうち回っていたのですが、酒を飲みさえすれば憂愁と抑うつ感が全快していくという思いがこころにあふれてくるのを禁じることができませんでした。「一杯飲めば、うつの霧が晴れるよ」という執拗な誘惑に敗けず、一滴も口にすることなくうつ病を切りぬけられたのはまったく断酒会のお蔭です。

断酒会ではみんなで話しあって決め、みんなで実行していく

休職していた時期にも断酒会では支部長を降任しないで、がんばっていました。そうこうしているうちに奈良県断酒会は組織を変更して理事会を設置しました。この結果、会長、事務局長、副会長、会計、支部長などの役職者が理事会に出席し、合意をつくって運営するようになりました。奈良県断酒会の活動内容は、会則によって定まっています。すなわち、①酒害の啓発ならびに酒害相談、②講習会・講演会・レクレーションなどの開催、③記念大会の開催、④機関誌の発行、⑤その他本会の目的達成に必要な事項、というふうに。

私が平成元年一月に理事会に出席したところ、機関誌の発行について審議されていました。奈良県に断酒会の灯《ともしび》が点けられたのは昭和四七年ですが、その翌年に一周年記念大会を挙行するとと

もに機関誌「せいりゅう」の創刊号を発行していました。

奈良県断酒会の発祥の地は、雲たなびく吉野連峰の麓にある大淀町越部公民館でしたが、機関誌は吉野川の清流にちなんで「せいりゅう」とネーミングされていたのでした。理事会では「せいりゅう」に寄稿してもらう、国会議員・知事・県会議員・市長・市会議員・保健所長などの人びとを選び、寄稿のお願いに行く会員も決めました。

理事会は毎月の第一日曜日に定例化されているのですが、二月には主として創立記念大会の実施が審議されました。一七周年記念大会は、かねてから奈良市立一条高校講堂を借用して、平成元年七月三〇日に開催したいと計画してきたのですが、一条高校が承諾してくれたと報告されました。そして、同日に「せいりゅう」第一七号を発行することも了承されました。平成元年
理事会の主要な案件は、大会当日の人員配置です。開会の挨拶、歓迎のことば、断酒の誓、こころの誓、家族の誓、物故者追悼、閉会のことば…を述べねばなりませんが、だれが担当するのか、その具体的氏名は県内にある、大和まほろば、奈良若草、南大和の三断酒会で決めて次回理事会にもってくるというふうに決定されました。来賓紹介、祝電披露、参加団体紹介の各一名についても同じように次回に報告すると決まりました。

一条高校のもより駅は近鉄新大宮駅ですが、大会当日にはＪＲ組も少なくないでしょうし、車での参加者も多いはずです。奈良市内の地理に明るくない参加者のために辻つじに案内人が会旗をもって立つことになっているのですが、案内ポイントが検討されました。駐車場の案内人および誘導係も具体的氏名は次回にもってくることになりました。

大会当日、近畿各地はもとより四国、中国、東海、北陸からも会員・家族が一条高校講堂にやってきます。むろん数が多いのは奈良県内からの参加です。医療機関からも医師、ソーシャルワーカー、看護師もやってきます。保健所、府県庁、市役所、役場からの参加も見込まれます。理事会は受付のあり方を話しあいました。そして、受付業務を県内、近畿、その他の地方に三分割し、さらに医療、行政という二分野も設け、また、福祉の世話になっている会員のために、記念大会に参加したことを証する出席証明係も配置することになりました。

大会場には視覚に訴えるアクセントが、つまり、舞台の上部にかかげる奈良県断酒連合会一七周年創立記念大会と明記された横断幕と、一日断酒、例会出席の二本の垂れ幕が欠かせません。これは専門業者に発注することが決定されました。舞台中央には演壇があるわけですが、演壇には生花を飾ります。五千円、一万円、二万円とある生花のコースのなかで一万円が選ばれました。

受付係が参加者に、第一七号「せいりゅう」や大会プログラムや市内観光スポット絵図を入れた大型封筒を手渡すことも了承されました。

記念大会の夜、飲まない幸せに酔いました

大和まほろば断酒会の役員会から数日後に五条支部の例会がありました。

私が支部長ですから五条支部にゆだねられている各係を選出しなければなりません。こころの誓、参加団体紹介、市内ポイントでの案内、駐車場案内の四人です。ふだんから支部例会の終了五

分まえにお知らせの時間があり、報告や連絡を行っているのです。私が記念大会での係選出を話題にしたところ、

「参加団体紹介てなんでんの?」と水橋さんが聞きます。私が、

「参加者を所属団体ごとに紹介するんですわ。たとえば南河内断酒会のみなさん、と紹介したら、南河内断酒会に所属する全員がその場に起立し、手を振ったりするんですね。会場内の他の参加者が、南河内断酒会の一行にパチパチパチパチとさかんな拍手を送るんです。そうして参加意識を引きだすんですわ」

「ふーん。全部の団体を紹介しまんねんな。割かし、時間かかるみたいやな」と水橋さん。

金山さんが、

「市内ポイントで案内する者は旗をもって立つんですね。それて断酒会の旗ですの?」と問いかけます。

私は首を縦に振ります。

「そしたら道行く人びとは、旗を手にしている者がアル中やとわかりますね」金山さんが心配気な顔でつぶやきます。例会場は爆笑につつまれました。

「こころの誓係って、例会でやってるのと同じなんですな」青木さんが口を開いた。私が、

「そうですわ。壇上にマイクが置かれていて、それに向かって誓約すればいい」

各係を選出します。

私が参加団体紹介をやってくれる人と言って、みんなの顔を見ました。

「金山、おまえやれ、若い力が必要じゃ」水橋さんに推された金山さんが、うなずいてくれました。駐車場係はと言うと、水橋さんが手を挙げてくれました。青木さんがこころの誓に、また野田さんが市内ポイントでの案内に立候補してくれました。

一七周年創立記念大会は、うだるような暑さのなか、成功裡に開催されました。

大会当日のことですが、私が電車で会場に向かったら野田さんが国道の交差点付近に旗を手に立ってくれていましたし、駐車場で手を振ってくれているのが水橋さんでした。

青木さんが誓約したこころの誓も力強かったし、金山さんも落ち着いて参加団体紹介を終えることができました。

記念大会の夜、私は断酒している幸せに酔いました。五条支部の面々がほぼ全員大会に出席してくれました。四人も役割をりっぱに果たしてくれました。大会そのものも各地から四五〇人ほどが参加してくれ、体験談がよかったと喜んで帰ってくれました。

みんなが歯車になることで大会を成功させることができたのです。汗を流しながら仲間とふれあいつつ、「生きている人はみんな美しい」「この世は生きるに値する」と思いました。昨日、妻が検診でガンのことは転移も再発も大丈夫だと太鼓判を押されて帰ってきました。長女が中三で吹奏楽部の部長で、次女が小五でふたりとも健康そのものです。新鮮な野菜をつくってくれている母も元気です。

大雪の朝、完全なアルコール依存症だという診断を受けてから、私は「今日一日だけ」という思いで生きてきました。あの日からあと、一滴も飲まずに万障を切り抜けてきました。支えあい、励ましあい、力になりあう関係を無数に創っていこうと訴えて生きてきました。しらふで困難を乗り越えていけることほど幸福なことはありません。五条支部でも新しい人が酒をやめつづけてくれているのです。私は激しく幸せに酔いました。

女性の酒害者が母に連れられてやってくる

奈良の山々が紅葉しだした一一月理事会に一泊研修会の実施案が出されました。二月の最初の土日に天理教第十二母屋を会場にして開くという原案は例年通りでした。

参加者が大広間に座り、生い立ちや習慣飲酒を始めたいきさつ、飲酒にまつわる苦痛と失敗などを語っていくのが研修会の概要です。一泊研修会には新参衆たちを断酒にみちびく効用や古参衆をして断酒せねばならない理由を再確認させる効用があって、断酒会ではなくてはならないものになっています。入会してからも節酒しているような人が天理教第十二母屋の研修会で、真摯かつ迫真の体験談に出会い、それが契機になって断酒生活に入ったという話はいくらでも聞くことができます。

理事会で示された、各研修時間における司会者、マイク係、市内ポイントでの案内係、駐車場案内係などの具体的氏名は、地域断酒会に諮って次回に報告することになりました。

新年になって奈良の山々に雪が積もりました。

二月の最初の日曜の午後に一泊研修会が終了し、私は妻とともに第十二母屋のまえの駐車場を出ました。カローラで天理市街を抜けていくと、西空の果てにライトブルーの生駒山脈が横たわっていました。研修会からの帰り道に私たち夫婦は、飲まないで過ごしている幸せに酔いました。

春のお彼岸のころ、五条支部に女性の新顔が母親らしい女性とともに訪ねてきました。数日まえ、電話で西脇ひろ子と名乗って断酒会のことを聞いてきた母娘です。私はいっぺん例会を見学してほしいと言っておきました。

司会者が、午後七時きっかりに開会を宣じ、断酒誓約と松村語録を唱和させました。八、九人が話して例会場の雰囲気が高まったころ、

「初めてお越しくださった西脇さん、例会はこんなもんなんですね。今夜のご感想でも…」と司会者。娘のほうが、

「三、四年まえから変なお酒になったんです。酔い潰れるまで飲むようになったんです。飲んだ上で、約束を破ったり人間関係を壊したりするようになってきているのです」

横に座った母親は、

「この娘は、もともと摂食障害なんです。高校を卒業したころから…。五条支部のことは保健所で聞きました」

五条支部の大半の人は、摂食障害から派生したアルコール依存症が難治性の病気であることを知っていたと思います。吉野さんが、ハーイと手を挙げ、

「摂食障害とアルコール依存症の両方でも治している人はいますよ、断酒会には」

西脇ひろ子さんがうなずく。

「一度小杉クリニックへ行って、相談したらいいと思いますわ。通院でいけるか、入院したほうが治りやすいか、診てくれますよ」と吉野さん。

この例会からひと月ほど経ったとき、私の家に西脇ひろ子さんから書簡が届きました。専門病院に入院していてそこからの手紙でした。父親が町工場を経営していて、裕福に暮らしてきたと書いてありました。女子高を経て、東京の大学に入学したころから飲むようになったそうです。父親が借りてくれたアパートから通学し、帰り道、毎日のようにスーパーの袋に食べ物と酒を入れて帰ったということです。西脇さんはつづけて次のようなことを書いています。

「体型を気にし、食べてはけない、食べたいと始終イライラしていました。貪るように食べ、食べたあとは腹に食べ物があることが許せなくなって、指を口に入れて吐いていました。吐いたあと、アルコールを一気に飲み、急激に酔っ払って、それが心地よかったです。そして左手に吐きダコができてしまった」と書いてありました。

西脇さんは、摂食障害とアルコール依存症の両方を治して強く生きていきたいと綴っていました。私も返書を送り、私の人生を振り返ったら、強烈な願望をもったことは実現し、強く願わなかったことは何ひとつ実現していません、摂食障害やアルコール依存症を治すには強烈な願望が欠かせないと書きました。例会に欠かさず出席していたら、強烈な願望を維持できるでしょうと記しました。

人は確かに強烈な願望に燃えるときがありますが、多くの人びとはそのときだけで終わり、時間の経過に比例して願望も小さくなっていき、最後に跡形もなく消滅してしまいます。手紙を書き終えてから、私が断酒してきたこの七年間に死んでいった断酒会員の顔貌を思い浮かべました。入会してすぐのころから、私は長く断酒できるのは入会者百人にひとりであると聞いています。確かに入会者名簿から飲酒にまつわる死亡でどんどん人数が減っていきます。断酒して生きるということは、右も左も断崖である道なき道を行くようなものです。生き残っている会員は、人間がみんな関係しあっている存在であることをよく実感しています。

お釈迦さまが示された縁起の法

私は断酒をつづけているうちに宗教的になりました。

断酒会を知ったことを単なる幸運にはできず、他者の意思を感じてしまいました。入会してからも死なずに来ていることを神仏のご加護だと思っています。神や仏が存在するのは確かな事実です。断酒会に入会するまえ、他人が「魂は生きつづける」といえば「そんなことはあり得ない」と即断していた私ですが、いま、人の肉体が滅んでも霊魂は不滅であることを信じるようになっています。

私自身、「五蘊はみな空《くう》だ」と実感するようになっています。私たち人間の心と体は「五蘊仮和合」といって、色・受・想・行・識の五蘊、つまり、五つの構成要素が仮に和合して成り立っているのです。「色」は「形あるもの」という意味で「体」のことです。「受」は「感覚」のことです。「想」は「表象」のことです。「行」は「意志的形成力」のことです。「識」は「分別作用」のことです。こういった要素が集まって人間というものができあがっているのです。ですから人間というものは、空に浮かんだ雲のごときものであって、あっちへ行ったり、こっちへ来たり、いたかと思えばいなくなり、いないかと思えばまた現われるというような頼りない存在なのです。けっして確固とした存在ではないのです。私は生きるか死ぬかの瀬戸際を歩みつづけた結果、五蘊が空であることに得心するようになりました。

なぜ、私たち人間が五蘊であるのかというと、これらの要素はみな、誰もが自分のものだと事実誤認してしまう事柄だからです。色も受も想も行も識も、どれも自分だけのものだと捉えやすく、「これこそが私だ」と錯覚するのです。

仏教的なものの見方をすれば、あらゆる現象は単独で自立した主体性をもたず、無限の関係性のなかでくり返し変化しながら発生する出来事，と言えます。無限の関係性のなかでの絶えざる変化を、お釈迦さまは縁起と呼びました。絶えざる変化であるがゆえに「因果」が含まれ、また無限の関係性であるがゆえに「共時性」が含まれます。仏教では「因果」を「異時」、「共時性」を「同時」と呼びます。

お釈迦さまが示された「縁起の法」を左に記しますが、二つの文のそれぞれ前半が「同時」、後半が「異時」を意味しています。

これ有ることに縁《よ》って彼有り、これ生ずることに縁《よ》って彼生ずる。
これ無きことに縁って彼無く、これ滅することに縁って彼滅する。

お釈迦さまが悟られた縁起は、因果律と共時性を含んだものでした。因果を正確に理解するには、後半の「異時」だけでなく、前半の「同時」を理解することが欠かせません。「これ生ずることに縁って」が因で、「彼生ずる」が果であると考えがちですが、自然現象はそうではありません。「これ有ることに縁って」と「彼有り」も普通は偶然と考えがちです。たとえば、ある人が断酒会活動に不熱心な数週間を送っていた、と仮定します。その人が例会に出席したら、意欲を喪なっていた某会員が再飲酒して死んだという体験談に遭遇しました。これは普通、偶然だと解釈されます。ところがお釈迦さまは、そうは考えずに内省に内省を重ねられ、この世の出来事はみんな関係しあっていると悟られたのです。そして、ある人が再び断酒会活動にいのちがけで挺身するようにもっていくために再飲酒→死亡の体験談を語る者が現われた、とお釈迦さまなら考えられるのです。

シャバの大半の人びとは、因果律と目的論で世界を見ていますが、例会で揺さぶられるような感動体験を積みあげてきた断酒会員は、「同時」に目を向けて世界を見ようとします。なぜなら断酒会員は、人間がみんな関係しあい影響をおよぼしあって生きているということを先刻承知しているからです。

飲んでいた時代も無茶苦茶な生活を送っていたし、断酒会に入会してからも死と隣り合わせの日々を送ってきているし、断酒生活も古参衆に引っ張られたり新参衆を引っ張ったりの連続ですので、縁起そのものの人生を過ごしているといえるでしょう。

断酒している人びとの普通の市民と異なる人間性

よく「アルコール依存症は死ぬ病気」といわれます。確かにガン死が異様なまでに高率ですし、心臓病や脳血管関連、不慮の事故、自殺も高率です。

同じ時期の入会者がどんどん消えていきますが、断酒会員はたえず死に直面しつづけていると言っても過言ではありません。

右のような事情から、生き残った断酒会員は、普通の市民とはかなり異なる人間性の持ち主になっています。その一つは、明朗で、しぃーんとした、澄んだ孤独をもっているということです。シャバに生きている人たちも孤独ですが、その内容は陰気で、じめじめと湿っぽい、暗い、いじけた孤独であることが多いでしょう。孤独というものの大半はこういうものでしょう。

アルコール依存症になってから酒を喰らっていた時代に飲み屋から戻ると、妻子がいなくなっていたという経歴の会員が多い。そこに父親に勘当された、兄弟から縁切りされたというような負の事象が加わります。つまり、まったくの単身者になってから断酒会に入ってくる方がたが非常に多いわけですが、そういう人というのは堂々たる孤独感をもっているのです。じめじめと湿っぽい、いじけたような孤独ではなく、明朗でしぃーんとした、澄んだ孤独なのです。この堂々たる孤独感は単身者だけのことではなく、広く断酒会員全体にも当てはまります。

二つ目は、いのちを惜しむ人間になっているということです。

平安時代中期から法律（律令）の実効性が衰えだし、武士が田圃（名田）を守るようになりました。武士たちは、その後幕府をつくったりして地位が向上し「名こそ惜しけれ」という倫理的な美意識をもつようになりました。「名を惜しむ」ということは一応は大切でありますが、名を惜しむよりはいのちを惜しみ、一番大切なことにいのちを傾注していく必要があります。優先順位からも、名を惜しむよりもいのちを惜しまねばなりません。

『武士道』は新渡戸稲造の著作ですが、新渡戸は武士の最高の倫理として名誉を詳説しています。武士階級が治世や文化に果たした役割は圧倒的ですが、反面、殺戮や乱暴・狼藉の面でも圧倒的でした。

断酒会に入会すると途端にいのちを惜しむようになることが多い。

飲んでいたときは、「太く短く！」と豪語したものですが、断酒しだすと急に健康面を意識するようになります。専門医に体中を調べてもらいたい欲求が抑えがたくなり、毎日のように胃カメラ、大腸カメラ、ＭＲＩによる脳検査に出かけるようになるのです。散歩を始め、禁煙にも踏切ります。こういうことはいいことで、大切ないのち以外に執着するものがない私生活をさし示しています。

「いのちを惜しむ」ようになってこそ、いのちを一番大切なことに使うようになるのであり、無我にも通じていくのです。

三つ目によろこび上手になっていることを上げることができます。

飲んでいた時代は、物よろこびすることがまったく下手でした。アルコール依存症の淵に落ちる人というのは、よろこべないのです。よろこびを表現できないのです。よろこびつつ、怒りや不満も口にするのです。ごく自然に腹の底からうれしい感情が湧いてき、それが顔中に広がり、よろこびの言葉が口からこぼれる、ということがアルコール依存症の現役には見られないのです。しかし、入会し、仲間の体験談によって救われだすと、その辺がまっさきに改善されます。

断酒の日数が伸びるにつれ、よろこびも増えていきますが、初期では特別なことをよろこぶのです。誕生祝いをもらったとか、わざわざ映画に連れていってもらったとか、特別な、ふだん滅多にお目にかかれないような種類のサービスを受けたことに大よろこびするのです。しだいに断酒の年数が古くなってくると特別なサービスに遭遇しても、まあ、よろこびを上中下と分ければ上の下というところであると見なし、よろこぶのはよろこぶのですが、大よろこびはしません。しかし、こういう人は、当りまえの、平凡な、どこにも転がっているようなことに遭遇したとき大よろこびしているのです。つまり、秋晴れが美しいとか、車の性能がいいとか、洗濯物が雨に濡れなかったとか、一日一回きっちり排便できているとか、こういうことをこころからよろこぶようになっているのです。

断酒会員は、いつとはなしに普通の市民とは異なる人間性の持ち主になっていきます。その四つ目は、報恩を旨とする生き方をする会員が多いということです。報恩という言葉は時代がかっていますから、小さな善行と置き換えればいいでしょう。

児玉正孝さんは傑出した指導者でした。

広島県の造り酒屋に生まれ、ブラジルやモンゴルでの生活を経てアルコール依存症者になりました。そして、鳥も通わぬ八丈島にて断酒に開眼したのです。晩年は和歌山断酒道場の初代の道場長として幾多の酒害者たちを善導されました。児玉さんが道場生に説かれた講話が、現在、「児玉語録」の名で遺《のこ》っていますが、その中心は反省・感謝・報恩という概念です。児玉さんは、口先だけで「反省しました、再びこのような過ちはくり返しません」と言うことを嫌い、きびしく自己批判することを道場生に求めました。そして、「謙虚であること」がもっとも貴いと考えていました。

児玉さんはまた、生きた断酒と死んだ断酒に分けて考えていました。ただ単に酒をやめることだけにこだわり、酒さえ飲まねばよいのだという考え方は根本を忘れた、いわば死んだ断酒だと児玉さんは主張しました。

酒をやめることによって人間らしい生き方を模索し、そうすることによって家庭が明るくなり、職場の人たちとも友誼を結べる、毎日毎日に夢がある、そういう断酒にする必要性があると児玉さんは考えたのです。断酒しても相変わらず仕事もせずにブラブラして家族に苦労をかけていたのでは、何のための断酒かということになるでしょう。一応三年が目印になります。入会してから断酒三年を実現するまでは毎日のように断酒会活動をする、死にもの狂いになって酒をやめる、三年やめたら断酒を手段にして、大きく羽ばたく、ということでしょう。

児玉さんのいう生きた断酒とは、飲んでいたころのいい加減な生活を改め、日々人間としていかに生きるべきかを問いつづけるというものでした。

背負いきれないほどの借りのある身であることを自覚すれば、ごく自然に善意を示すことができる、報恩などという大それたことを考えているようでは駄目だ、居ても立ってもいられない純粋な気持ちから手近な善行を積んでいくのがよい、と児玉さんが「児玉語録」で説いています。そして、今日、道場の修了生の多くは児玉さんが期待していたように一隅を照らす人となり、人目のつきにくい所で、小さな善行を積んでいます。

酒をやめつづける人とはどんな人か

酒をやめつづけるのはどんな人でしょうか。百人にひとりしかやめつづけることができないと言いますが、そのひとりはどんな人でしょうか。

むろん一日断酒と例会出席を重ねられる人ですが、それでは、どういう人が一日断酒と例会出席をつづけられるのでしょうか。

酒をやめたいと本気になって願うのは、酒による苦しみが限界に達したときです。二時間おきぐらいに飲酒しては眠るという「連続飲酒」は、苦しみの限界に達したときのものですが、そういう状況で、家族や行政・医療の関係者によってアルコール医療機関に連れていかれることが多いわけです。そのあと、断酒会やＡＡのような自助グループに入会してくるのです。断酒会とＡＡでは相当の距離があるのですが、両者はともに無力ということ、他言すれば自分ひとりの力だけではどうにもならなかったことの自覚を出発点にしています。そして、救いだされた人びとは、他者による援助の意味を考えつづけるものです。その結果として多少は霊的になります。最後の最後までやめつづけられる人は、他の会員と人格的なふれあい、こころの交流をしていける人です。

お釈迦さまが示された「縁起の法」に「同時」（共時性）と「異時」（因果）がでています。具体的には、「これ有ることに縁って」と「彼有り」、「これ無きに縁って」と「彼無く」の「同時」に繋がりを感じ取れる人が、他の会員と魂のふれあい、こころの交流をしていける人であると私は考えるのです。

この世の人間にかかわる現象は、「同時」と「異時」の両方を含めて変転していくと実感できている人のみが、いつまでもいつまでも、一日断酒と例会出席に励むことができるのだと思います。新聞やテレビのニュースに酒害のせいで、悲惨な立場になった人びとが報道されますが、こういう人びとのことをこころの深部で我が友人と思える人でないと酒をやめつづけることはできないでしょう。

手前味噌ですが、私は、例会帰りの夜、個々の個人が生きているのではなく、何十万人、何百万人の人間から成る、胴の直径が一〇キロメートル、二〇キロメートルもある大きな人間が生きている姿を思い浮かべたものですが、この無我説に従ってこそ、「初心」と「一生懸命」を大切にできるのだと思います。生きているみんなが友人であり、いのちある生き物すべてが繋がっているし、韓国や中国の現代人も、現代日本人と血を分けた兄弟だと見なしていける人が酒をやめつづけていくのです。

私は復職してから河北高校に慣れました。

超過勤務そのものには慣れませんし慣れてもいけないのですが、河北高校をめぐる人間模様にはひどく慣れました。河北高生の学力的な低さは、転勤してきてすぐ一目瞭然でした。荒れたり、他罰的であったり、ねじれたりしていることに関しても時間がかかったけれど原因が了解できるようになりました。荒れたりしている現象の原因が分かるようになってしんどさ、あるいはストレスが半減しました。

教育における自由と平等

しかし、あいかわらず困難校には教育上の難しさが横たわっています。独身の若い女性教師が、粋がって「奔放な女」の素振りを見せると、河北の女子高生が共感して性的放縦に走り、保健の授業で避妊を教えると、避妊具を買い揃える生徒が現われ、それを実地に使うのです。世の中には夕テマエとして言っていることが多々ありますが、それが現実の間で齟齬《そご》をきたしているということがわかりづらいのです。テレビやマンガの内容を批判する能力がないゆえに、テレビやマンガから困難校生たちが多大の悪影響をこうむっているという現実があります。

他方では教育困難校の生徒とアルコール依存症の患者は酷似したスタートラインにありますし、荒れ方も相似しているのです。

多数の高校において大学進学が大問題であり利害得失に直結していまして、言うまでもないことですが、困難校が存在するということは、自由（つまり、進学）を重視するあまり平等が損なわれた状態を示しています。学校数の多い学区になればなるほど学校間格差が拡大し、学区を撤廃すれば学校間格差が最大になります。

アルコールは本当にいいものです。適量であれば、社交的になれるし、陽気になれるし、一時的にストレスを解放できます。そういうすばらしい飲み物だからこそ、日本では酒類の危険な側面を公けにすることが何世紀にもわたってタブーにしてきたのです。酒は多数派には好都合なものでも少数派には毒物なのです。

困難校もアルコール依存症も、多数派の利益（自由）のために少数派が犠牲になっている構図を示しています。

私は河北高校での学級担任を継続しました。

初年度に一年生を受持って一年末にクラス替え、二、三年生は持ちあがりです。卒業させたあと、一年間クラスを離れ、次年度に三年生の学級担任になりました。

このころ、公立学校で週休二日制がスタートしました。

民間企業に一〇年以上も遅れましたが教育公務員も週休二日制、すなわち河北高校も私の在職中に土曜日が休みになりました。官公庁の閉庁に足並みをそろえ、最初、隔週に土曜日が休みになりました。そのとき、心身を休められてたいへん有難く思いました。河北高校にはソフトボール部がなく、それで日曜日に試合の付添いがなく、日曜日をこころ置きなく断酒会活動に当てることができるようになりました。

部活（クラブ活動）としてではなく、同好会の扱いとして韓文研は存在しました。二、三人で活動をつづけていても、とても本名宣言ができるような状態には到達できませんでした。それでも教員のサークルでは、韓国・朝鮮・在日を扱った本を輪読したり史跡を訪ねたりして蒙をともに啓《ひら》きました。

　河北高生は自動車整備士学校や経理専門学校を受験しても不合格になることが多いのですが、私は受持った一年クラスで、生徒たちに「進学したいのなら今日一日だけという思いで、受験勉強をつづければ大学に合格できる」と訴えました。努力を継続しても不合格になるのではなく、努力をつづけないから不合格になるのだ、要は勉強の継続だと説きました。同僚たちから困難校で大学をめざすのは無謀だと批判されたのですが、私は動じませんでした。生徒には教科書を声高らかに音読すること、重要な文言は暗唱すること、重要な箇所は活版印刷のようにきれいに筆写することを求めました。

　河北高校に転勤してきたときから、挨拶をやかましく言ってきました。生徒同士が「おはよう」「こんにちは」と気軽にことばを交わすようになってほしい。品物をもらったり、親切にしてもらったりしたら、「ありがとう」と言ってほしいと念願してきました。間違ったことをしたり、迷惑をかけたりしたら、「ごめんなさい」と謝ってほしいのです。

　新一年の学級担任になった日から、教師が率先しなければならないと思って、私は生徒たちにことばをかけつづけました。そうすると、半月ほどで生徒たちの口からごく自然に「おはようございます」「ありがとう」や「ごめんなさい」などが出るようになりました。

　一年担任のときは一年生の科目である現代社会で、二年担任のときは二年生の科目である世界史で、三年担任のときは三年生の科目である日本史で、声高らかな朗読、重要な文言の暗誦、重要な箇所の筆写を生徒たちに要求しました。

私が生徒の名前を呼んで教科書を朗読してくれ、と言いますと、「はい」と生徒が教室中にはっきりと聞こえる声量で答えるべきだと私は思うのです。蚊の鳴くような小声は意味がありませんし、「う、うう」だの「えっ」だのも返事に該当しません。明瞭に「はい」と答えて、すくっと椅子の横に教科書を手に立てて起立すべきなのです。

「はい」と返事して、すくっと立つ

新学年早々、各クラスにおいて音読の練習をします。

まず、生徒の名前をよびます。

名前をよんで練習するぞと言っても男子も女子も不貞腐れて、返事もしません。ボイコットするのです。そういうとき、腹を立てて生徒を殴れば、殴った者の負けです。だから私は、生徒たちの面前で堅い出席簿を思い切り教卓に二度、三度と叩きつけるのです。バチン、バチンといい音が鳴ります。生徒を足蹴にしたい気持ちをぐっとこらえて、私は教卓を蹴りまくるのです。教卓がバタンと倒れます。生徒たちが驚いて教室は静かになっています。それを視野におさめてから、私は音読のすばらしさを滔々と述べ、教卓付近で私の模範演技を見せます。はっきりと「はい」と返事し、それから椅子の横に教科書を手に立てて、すくっと起立する姿を見せつづけます。背筋を伸ばして直立している格好を強調するのです。

どのクラスでも、二時間を使って練習に明け暮れました。返事してすくっと起立するだけの練習をやりました。一人ひとり、全員の名前をよび、明瞭な「はい」を求めました。一人ひとりが「はい」と返事し、すくっと立つ。これだけを徹底的にやったのです。返事の「はい」にしても大声量でありさえすればいいというものではないのです。クラスメイトの耳に心地よい声量であるべきなのです。すくっと背筋を伸ばして椅子の横に直立することも徹底的に求めました。練習中に生徒が悪ふざけしたとき、あるいは熱意を示さなかったとき、私は出席簿を教卓に思い切り叩きつけ、バチン、バチンと鳴らし、教卓を蹴り、これを蹴倒しました。それから、教室が静かになったところで、私も静かに、「河北高校生はアホだという世評を越えるにはまともに勉強することしかないのだ。アホと呼ばれていていいのか。親に悲しい思いをさせていいのか。高校生は勉強することが仕事だ。おまえたちは勉強してしまくれ。気狂うほど勉強しろ。世間の見方をひっくり返せ。河北高生はアホだという大人たちの見方に勉強を通して挑戦しろ」と訴えました。こちらが真剣に叱ればかならず応えてくれるのです。

全員がこのことができるようになるのに二時間を要したのです。

朗読、暗誦、筆写という三点セットがなめらかにいくようになったのは五月の連休明けからでした。朗読の審査はプリント授業の合間であり、筆写したレポート用紙も授業で集めます。つまり、暗誦だけは授業外に審査するのです。

生徒たちは、職員室にいる私に暗誦の審査を願いでると、長蛇の列を組むのです。それが三〇メートルも二〇メートルにもなりました。下校指導にかかわってもより駅まで行ったら、改札口で審査してほしいと言うのです。乗降客たちは変な顔で貧窮問答歌を聞いていました。家庭訪問で行った先でも近所の生徒が現われ、審査してほしいと言うのでした。生徒たちが急ぐ理由は、無理やり詰めこんでいるものですから、脳という名の袋から暗記した品がこぼれ落ちるのでしょう。

　三年間、受験勉強をやった子は有名な私大に合格し、同僚たちが「奇跡だ」と大騒ぎしました。今まで、勉強もさせずに河北からは大学には行けないと決めつけていたのです。強烈な願望があり、努力と工夫をつづけさえすれば、物事は成就するのです。

　朗読、暗誦、筆写に重心をかけた教育を始めてから、私が学年末に単位を不認定にしたことは一例もありませんでした。それだけ生徒たちが熱心に取組んでくれたというわけですが、生徒にすれば自分をダメ子にした偏差値教育に代わるものとして、朗読・暗誦・筆者に期待してくれていたのかもしれません。毎年、朗読も暗誦も筆写も四月にスタートし、秋風が吹くころ、生徒たちの顔が明るく穏やかになっているように私には思えるのでした。

　河北高校も徐々にいい学校になっていきました。私が勤務していた最後の二年間もチェックポイントでの立番はつづいていましたが、チェックポイントの数を減らしたり、意図的に立番を中止する週間を設けたりするようになっていました。統計の上では年間の問題行動の件数も下降線をたどっていました。

　子どもの低学力で悩んでいる世のお父さん、お母さん、教師のみなさんに、

「朗読、暗誦、筆写を中心にした勉強を子どもにやらせてみてはどうでしょう」と言いたいのです。

終章　力になりあってこそ人の世

困難校から来た教師はからかわれる

平成六年に河北高校から進学校の松尾高校に転勤しました。

進学校に来ているのに困難校での習慣が抜けませんでした。始業式の翌日から授業が始まりましたが、私は空き時間に廊下にでて入室指導を行おうとするのです。廊下には人影がありません。生徒たちはひとり残らず、チャイムが鳴るまえに教室に入っていたのでした。夕方、もより駅の改札口に立ったり、早朝、通学路で生徒に声かけをしてしまうということもやりました。改札の機械に生徒たちがひとり残らず、通学定期券を通して構内に入っていく光景を見て、「ここは進学校なのだ」と納得しました。

松尾高校には前任校が困難校であった教師が八、九人在任しているのですが、古くから進学校に勤めきた人びとから、揶揄されていました。困難校から来た先生はたえず生徒に不信の目をむけ、生徒の言動に警戒的であり、生徒を力で封じ込もうとしているし、目つきも悪い、と。

松尾高校は、私服での通学が認められていて、校則指導が非常にゆるやかであり、自主退学もまったくありません。しかし、一部に化粧に憂き身をやつす女子がいたり、学校で喫煙する男子がいたりします。他方、授業を担当していると、進学校とはいいながら松高生はあまり学力が高くないことがわかります。

日本史では、それぞれの時代における日韓関係史の授業を設け、世界史でも韓国史・朝鮮史の授業を古代、中世、近世、近現代に設け、現代社会の授業では在日社会の形成史や在日韓国人の法的処遇を詳細に検討しています。

日韓関係史や在日社会の形成史は日本人の子にも韓国人の子にも歓迎され、目を輝かせて聞いてくれていますし、年度途中から本名を名乗る子も現れています。授業とは別に放課後に二、三人の在日生徒が集まって韓国史やハングルを勉強しています。この二、三人が在日一世の渡日を聞きとりに出むくこともあります。

転勤してきた直後からソフトボール部の顧問で、平日は守備と打撃の練習に明け暮れ、土曜日に練習試合や公式戦に出かけます。

転勤してきた二年目から学級担任です。一年から始まり、二年から卒業まで持ち上がりました。そのあと副担の一年間を過ごしました。そのあと、また連年的に学級担任の任に就きました。新入生を迎え入れて彼らと密着すると、松高生がどんなものか否が応でも分かってきます。私の場合、前任校では困難校であったため日常的に猛烈な悪事に目が奪われていましたが、進学校にはそれがなく、今度は生徒たちのユーモラスな姿が私の心象に大きな位置を占めるのです。

進学校の生徒たちのおかしさ

一校時か二校時が終ると、弁当箱を開けてうれしげに早飯をします。松尾高校では女子生徒も、男の子に「見張ってろ」と叫びながら早飯を食らいこみます。男子生徒の飯の釆をつまみ歩く女の子もいます。

校時が進むにしたがいゴミが床に広がっていきます。午後にもなれば、教室は紙クズだらけになっています。授業中は教師の目がありますから投げ捨てませんが、昼休み中は紙クズをつくった者がゴミ箱まで捨てに行くことをせず、みんな投げ捨てるので、教室自体が巨大なゴミ箱になっていきます。そして、机や椅子の脚元に散乱している自分の紙クズを足で他の連中に押しつけるのです。弱い子ほど机や椅子の脚元に紙クズが集まっていますが、それらを仔細に点検しますと、紙クズに混じって、海老のしっぽ、タケノコ、梅干しの種、シャケの皮、タラコの破片が落ちています。

私は出席簿を教卓に叩きつけ、バチンと派手な音を鳴らし、

「ゴミ箱のような教室では授業はできん。一〇分間で掃除せい」と怒鳴ります。生徒たちは不承不承立ちあがり、数人が箒を手に清掃を始めます。欠伸をしながら、屁をかます子もいます。二、三人が鼻をつまみ、他の者が迷惑そうに団扇がわりにノートをあおぎます。級友たちのズボンの尻に鼻を近づけていた子が、

「こいつや、こいつが犯人や。処刑もんじゃ」と叫ぶのです。

ニキビの花を咲かせた子が屁をかました容疑で、後ろ手にされ、教室後方の壁に立たされます。掃除していた子が箒を銃に見立て、引金を引いてタン、タン、ターンと銃弾を撃ちます。そして屁をかました子が、胸に片手を当てて頭から大仰に倒れます。

私の二年のときのクラスは演劇部門において「夕鶴」で最優秀賞を獲ったのですが、生徒たちの関心は演劇で受賞することにあったのではありません。彼らの意気込みは、文化祭に取り組んで

いる松高生たちに自分のボーイフレンド、ガールフレンドと並んで歩く姿を見せる、という一点にあったのです。二日間の文化祭も二日目の午後から市民や卒業生に開放されます。第二日の昼、昼食を摂った我がクラスの男女生徒は、洗面所に急行し鏡で頭髪を整えるのです。そして、校門で待ち合わせ、落ちあった順にカップルとなって緊張感をもって校内を一周するのです。要するに人目を大いに意識したデモンストレーションなのです。他方、異性の友だちや恋人がいない子は、校内を歩けないほど肩身が狭いのです。

松高は校則指導がゆるやかな学校ですが、生徒指導部の部長にむかって困難校からやってきた教師たちが、「弱腰だ、もっと締め付けろ」と注進します。そこで部長は、毛染めをなくさせようとするのです。男女ともにかなり多くが脱色染髪しているのですが、生指から指導の日が伝えられます。わざわざ部長が校内放送をつかって、「一斉に摘発するので地毛に戻せ。脱色染髪なら厳罰に処す」と訴えます。

予告していた日の朝、校門で摘発がありましたが、私のクラスで毛染めしていた子のうち一人が顔を真っ黒にして朝のショート・ホーム・ルームに出てきました。彼は地毛に戻せという指導に対処し、スプレーで黒く染めようとしたのです。しかし、手元が狂い、額から眼窩、鼻梁までを黒く噴霧してしまったのです。四谷怪談のお岩さんのような顔の崩れた生徒を見たとき、私はギヨッとしたものです。

生徒は授業で教えてくれている教師の名前に疎いものです。聞いても右から左にぬけて頭に定着しないのでしょう。教室内の符牒は、「物理の先生」、「数Ⅱの先生」、「古典の先生」、「体育の先生」

…で済ましています。

私のクラスには一一人の先生がたが教えにきてくださっていますが、以下、実際に私のクラスで生じた出来事を書きます。老齢の先生が古文を教えに来てくださっていましたが、その御大は生徒の名前に関心をもっておられないのです。職員室から隣りの出席簿を持って来、出欠を記録し、授業に入っていく。そして一か月近くにわたって源氏物語の世界が講じられたのです。

生徒のほうも高齢の「古典の先生」に関心がなく、ひたすら内職にふけっているのでした。こうして何週間にもわたって間違った出席簿で点呼し、生徒のほうも耳慣れない人名を聞き流していたのです。

日本では飲むことと酔うことに強い社会性が付与している

私は松高生にも日本的な勉強法を説きました。教科書の朗読を指名されたら、「はい」と明瞭に返事してすくっと起立し、椅子の横に本を立てて立つということを説きつづけました。みんなに聞いてもらうんだという気になって朗々と読むことの大切さを訴えます。

暗誦すべき箇所を暗誦しないことには勉強にならない、と訴えますし、指先を使って楷書で重要事項を筆写していけば理解が進む、頭も良くなると力説します。

生徒に抵抗されることもありますが、押し切る必要があります。毎年、二、三か月経つと大勢の生徒たちから、「勉強の入りに役立っています。遊びの時間から勉強に移るとき、朗読や筆写から入るとうまくいくし、雑念が一杯のときに暗誦すれば区切りがつきます」と礼をいわれたりします。ＰＴＡの新聞にも日本的な勉強法を支持する記事が掲載された年もあります。

話が前後しますが、私は新設校の池島高校に勤めていたとき、アルコール専門病院に出会い、廣田豊院長に励まされ酒をやめだしました。断酒六か月ほどのころ、長年の酔いから覚めた私は日本の酒害の大きさに仰天しました。飲んでいた時代にはその重大性に気がつかなかったのですが…。

私の生まれ育った海抜四〇〇メートルの山村は酒とひどく親密です。大字には、自治会係、消防団係、道路係、体協係、農家組合係、水道係…など多くの役割分担があります。年齢で構成される青年団や老人会もあります。その他、伊勢講もあります。

小字にも日待ちや月待ちの伝統行事がありますし、この小字が葬式を手伝います。

村びとが係仕事で顔をあわせると、最後は酒になり、葬式のあとも宴会同様になります。日待ちや伊勢講でも空恐ろしいほど盃が乱れとぶ。同じ山村で苦しみや喜びを共有している者が、酒を飲むことによって集団的機能を高めるのです。すなわち、私の村では、飲むことと酔うことに強い社会性が付与しているのです。

酒に寛大であるためにその反動として色んな酒害が現れています。村びとが集う公民館で大トラになったり、管を巻いたり、公民館のホールに嘔吐物をまき散らし、あるいは派手なケンカする…というのがそれです。酒席で仲よく酔えない人がいます。人に絡んだり攻撃的になったり、あるいは端的に酒乱というしかない人もいます。酒席では飲酒の無理強いもなされます。執拗なまでに飲ませようとします。酩酊者が銚子を高々とあげて、いつまでも酔わない人に対して、

「座がシラケルではないか！」
「まだ酔ってない！」
「俺の酒は飲めないのか！」
と罵声をあびせ飲むことが強要されます。

造り放題、売り放題、飲み放題の国

二日酔いで仕事に支障をきたしたり、アルコール性肝炎や肝硬変に苦しんでいる人もいます。「飲酒天国」と評されるほど、日本人はみんな酒を飲みまくっているのです。ほんとうに小売にも広告にも規制らしいものがない。要するに造り放題、売り放題、そして飲み放題の国なのです。メーカーと販売業者と飲酒者ががっちり手を握っていて、彼らにむかって批判を言ってもかき消されてしまう国。

中一になればビールを飲み、中三になればなかなか歴とした耐性を獲得し、そして一部ではあるがアルコール依存症になっている高校生が確実に存在する国なのです。

新聞やテレビも依存症については報道していますし、酒害についても一定ていどは啓発していますが、踏み込みが足りない。私は特に未成年者の飲酒や酒類自販機、飲むシーンを大映しするテレビCMに恐ろしさを感じるのです。

二〇代には在日韓国人の扱われ方のひどさに腹を立て、三〇代には高校間格差のひどさにことばを喪なった私でしたが、いま、日本の酒の売り方・売られ方に危機感を深めているのです。私が特に抵抗感をもつのは、くり返しますが、未成年者飲酒防止法がザル法になっている状況、コンビニにおける二四時間販売や自販機の存在、本能に訴えるテレビＣＭなのです。打ち明けてますが、酒をやめて六か月ほど経ったころ、街角に酒類自販機を見たり、テレビＣＭで口の端に泡をつけてグイグイとビールを飲むＣＭを見たとき、

「いまに見ていろ。自販機は撤去してやるぞ、本能に訴えるＣＭができないようにしてやるわい」

と思ったものです。

断酒会の一員になって日本の酒のあり方に危機感をもったわけです。そして私は日本のアルコール問題を大幅に減らす方法を見つけ、それを文書化して世の中に貢献したいと思うようになりました。断酒をつづけていくには色んな人たちに援助していただくことが必要なのですが、私はただ援助を受けとるだけでなく、日本の多事多難なアルコール領域でプラスになることもしたいと思いました。

例会や記念大会、研修会、あるいは断酒学校に参加するということは、日本の酒害の深刻さに直面しつづけることでもあるのです。

断酒六か月のころ、右のように大望をもったわけですが、私はまるで夜明けの行燈のように薄らバカでした。右わきに鈍い痛みがあったのですが、恥ずかしい話ですが、肝臓が右わきなのか左わきなのか確信が持てませんでしたし、酒類には蒸留酒と醸造酒という種類があることも知りませんでした。

薄らバカだが勉強熱心な私

このように薄らバカなのですが、酒害を減らす方法をはっきりさせたい気持ちだけは一人前でした。そして断酒しながら亀の歩みのように遅々としたものですが、アルコール問題という名の巨岩にノミを入れていくのでした。少し長文になりますが、私の知りたかったこと、疑問に思っていたこと、そして勉強して知り得たことを左に書いていきます。

(一) いちばん最初に私は酒を体内に入れるとどうなるか、ということを知りたいと思いました。私たちには排尿・排便があるわけですが、そこに酒精もふくまれているのではないか。

(二) 酔いとはどういうものか知りたいのです。二日酔いとはなにかについても知りたい。

(三) 酒に強い人もいれば下戸もいますが、これは酵素に関係してのことらしいですが、そこを理解したい。

(四) アルコールを体内で処理するのに要する時間。

(五) 適正飲酒は体にいいと言われますが、その根拠を知りたい。「Jカーブ」ということばにもお目にかかるけれど、この意味することを勉強したい。

(六) なぜ、アルコール依存症になったのか。依存症の発症原因を知りたい。

(七) アルコール依存症には種類があるのだろうか。あるとすればどう類型化されているのか勉強したい。
（八）国や地域によって飲酒に関する社会規範にちがいがあるでしょうが、国別の飲酒文化を学びたい。
（九）アルコールはしたたかな薬物ともいわれていますが、酒の本質を知りたい。

酒を飲むとどうなるのでしょうか。

酒を飲むと、胃や小腸で吸収されて血液に溶け込み、門脈を通って肝臓に運ばれます。アルコールが血液に溶け込めるからこそ脳に入り込み、アルコール依存症を引き起こすこともあるのです。アルコールは水にも血液にも溶け込む性質をもっているから大量飲酒者は脳が壊れ、アルコールの大部分は肝臓で分解されます。

肝細胞にはアルコールを分解するアルコール脱水素酵素（ＡＤＨ）とミクロゾームエタノール酸化酵素（ＭＥＯＳ）があり、これらがアルコールをアセトアルデヒドに変化させます。アセトアルデヒドは悪酔いや二日酔いの原因になる有毒物質です。酒を飲んだとき、顔が赤くなったり、動悸や頭痛が起きるのは、この有毒作用によるものです。

私は二日酔いで苦しんだ多くの経験をもっていますが、アセトアルデヒドがその真犯人だとは知りませんでした。このアセトアルデヒドは、肝細胞にあるアルデヒド脱水素酵素（ＡＬＤＨ）によって無害な酢酸にされます。酢酸は最終的には炭酸ガスと水に分解されます。

ビールを飲めば、多尿になりますが、勉強するまでは、尿に酒精が混ざっていると思っていたのです。

酔った状態とは何でしょうか。

それはアルコールの麻酔作用によって脳がマヒした状態のことを指します。マヒは、大脳の理性や判断をつかさどる部分から延髄にまで及びます。

血中アルコール濃度が深まっていくと、つまりウイスキーならボトル一本ほどを飲めば、昏睡期にいたり、人は死亡するということを知りました。イッキ飲みは危険です。

酵素によっては依存症になりやすい体質があるのでしょうか。

私は酵素にものすごい興味を持ちます。アルコール依存症だと診断されたころ、病因については公式見解から逸れたところに真実が潜んでいるはずだと直感しました。大量に飲むような自己中心的な人がアルコール依存症になるのだというのが私の入院したころの公式見解でした（真実は別なところにあります）。私が断酒年数を重ねるのに比例して酵素の研究も進展してきました。

飲むことによって体内にアルコールが入ります。アルコール脱水素酵素（ＡＤＨ）とミクロゾームエタノール酸化酵素（ＭＥＯＳ）がアルコールをアセトアルデヒドに変化させます。アルコール脱水素酵素（ＡＤＨ）には早く働くものと、遅く働くものがありますが、遅く働くものは体内にアルコールがとどまっている時間が長いわけであり、酔っている時間が長いということです。

アルデヒド脱水素酵素にはアセトアルデヒドが低濃度のときに働くＡＬＤＨ２と、高濃度にならないと働かないＡＬＤＨ１があります。日本人の半数近くが、生まれつきＡＬＤＨ２の活性が弱いか欠けています。このタイプの人は、有毒なアセトアルデヒドを正常に分解できないため、「酒に弱い」といわれるのです。

酵素の組み合わせからアルコール依存症になりやすい人がいます。

アルコール依存症になりやすいタイプ

アルデヒド脱水素酵素（ＡＬＤＨ２）の安定的で正常な活性を有する活性型は、「酒に強い人」と言われます。アルコール脱水素酵素（ＡＤＨ）が遅く働くタイプで、アルデヒド脱水素酵素（ＡＬＤＨ２）が活性型だという組み合わせであれば、アルコール依存症になる可能性がたいへん大きくなります。

昔日、アルコール医療機関や断酒会の周辺では、身勝手で自己中心的な人がアルコール依存症になるとされていました。しかし、酵素の研究の進展からアルコール依存症にたいへんなりやすい体質があるということが判明しました。酵素うんぬんは、遺伝に関する、生まれつきの体質の問題です。

黄色人種が酒に弱いというのはほんとうでしょうか。

ただし、私は長年月にわたって過飲して酩酊していると、自己中心的な人間になっていくと信じています。なぜか黄色人種は酒に弱いといわれています。現代ではＡＬＤＨ２不活性型（失活型を含む）は有色人種の特徴になっていますが、白人・黒人にはＡＬＤＨ２不活性型は見られないということです。

なおＡＬＤＨ２不活性型の出現率ですが、中国で三〇～五〇％、南米インディアンで四一～六九％

というデータがあります。南米インディアンに不活性型が多いのは、アジアの黄色人種が大昔、陸続きであったベーリング海を渡って南米に行き、そこに定着したからだといわれています。

体からアルコール分が抜けるのにどれほどの時間が必要なのでしょうか。

体内からアルコールが消えるのに一定の時間がかかります。同じ量の酒を飲んでも、体重の重い人というのは血液量が多い人であるから、血中アルコール濃度が低くなります。アルコールの処理能力も体重によって差異が認められます。体重六〇キロの人がビール一本、または清酒一合を飲んだ場合、体内からアルコールが消失するのに三時間かかるそうです。二合飲めば六時間、三合飲めば九時間になるわけで、アルコールが意外と長い時間にわたって体内にとどまっています。

愉快なはずの酒も過飲すれば、長く血中にアルコールが残り、二日酔いなど不快な症状の原因となります。自分の適量をまもって、ゆっくり談笑しながら自分のペースで飲むことが、長い歳月にわたって酒を楽しむコツです。

もっとも長生きする人びとはどれほどの酒量を飲んでいるのでしょうか。

本来、適量であれば酒はいいものです。古来、日本人は酒を良き友とし、生活を豊かにしようとしてきました。貝原益軒の『養生訓』や随筆などを集めた『百家説林』などに我が国の飲酒文化を読み解くことができます。『百家説林』には飲酒の十徳というのがあり、礼を正し、憂を忘れ、鬱をひらき、気をめぐらし、毒を消し、縁を結び…と称賛しています。日本人は大昔から飲酒してきたことは、縄文遺跡から酒にかかわる土器が出土していることから明らかでしょう。穀物から造られる酒類は五穀豊穣の神を象徴する尊いものとされました。今日でも清酒がキヨメの儀式に使われたり神棚に供えられたりするのは、五穀豊穣の神に関係するからにほかありません。

日本でも外国でも調査や研究がすすみ、「適正飲酒している人の死亡率が、まったく飲まない人、あるいは大量に飲む人にくらべて低い」という結論があいついで発表されています。これには国別、男女別を越えた共通点があります。適正飲酒している人が長命であるのは、少量の酒がストレス発散の効果や心臓病の予防効果をもたらしているからだと考えられています。

適正飲酒がもたらす効果は、グラフの形態からJカーブ（Uカーブ）効果と呼ばれています。それから、日本でもっとも長生きするグループは、清酒一日一合（純アルコール換算値で一日二〇グラム）を飲む人びとです。ただしアルコール依存症者、飲酒運転、妊婦、未成年者、薬物乱用者には適正飲酒の概念があてはまらないのです。

Jカーブ効果論に対する批判とはどんなものでしょうか。

Jカーブ効果論には国の内外に批判があります。それは、少量の酒が健康にいいものだからというものではないと主張します。まったく飲まない人の死亡率が、少量の酒を飲む人びとより高いというのは、まったく飲まない人は生来病弱であったり大病して酒を飲めなかったりで、要する死に近いのだと説いているのです。

アルコール依存症を五類型に分ければ…

私は半年ほど酒をやめたころ、日本の酒害を大幅に減らす方法を明らかにしたい、それを文書化して社会に提出したいと決心していました。

新設校に勤めていた時代には韓文研とソフトボール部の活動がありました。私は日本史や世界史が担当ですが、地歴科の教師は授業のために毎晩遅くまで教材研究をしなければならないのです。例会から帰ってから入浴・食事をし、教材研究を終え、それから深夜にアルコール問題の勉強をしたものです。毎晩のように就寝が一時二時になっていました。

在日一世の渡日の聞取りに行く電車のなかでも、対戦校の順番待ちのベンチでも、ノートを開いたり本に目を走らせたりしていました。

私が酒に関して健康な人間だったならば、断酒継続はそんなに苦しいものではないでしょうが、私はアルコール依存を病む人間です。すなわち、朝から晩まで四六時中、年がら年中、飲みたい飲みたいと思いながら生きているのです。つまり、酒をやめていくことに関して多大のエネルギーと時間を費やしているのです。

他方では退会したり、アルコールがらみの疾病で病没したりする大勢の人たちの存在があります。昔も今も、長く断酒していけるのは百人にひとりといわれています。同じ時期に入院した人びと、および同じころ入会した人びとがどんどん消えていくのを見守るのは、ものすごいプレッシャーになってきます。

河北高校の困難な教育状況のなかで、精神医学の著作を読むようになります。アルコール依存症を知るには精神医学が必要で、適応障害、外傷後ストレス障害、神経症、パーソナルティ障害などを勉強しました。そうこうしているうちにフロイトの世界に魅了されるようになり、河北高校のチェックポイントでの立番をしながら読んだものです。胸をわくわくさせながら読んだのですが、反証の可能性を欠くフロイトの言説は、たとえば口唇期だの肛門期だのリビドーだのは壮大なハッタリだと思いました。初心者にすればフロイトのそういう部分が魅力的なのでしょう。

偉大なアルコール医学者の著書を読んで

アルコール依存症の発症原因はどんなものなのでしょうか。

困難校時代にもうひとりの偉大なアルコール医学者の著作に魅惑されました。それがジェリネックであり、読んだ本は『アルコホリズム―アルコール中毒の疾病概念』です。

アルコール依存症の発症は、①個体要因（体質や気質・性格など）、②薬物要因（飲酒量）、③環境要因（家庭、職業、地域など）がからみあって起きるとジェネリックは強調しています。実験用のラットであれば、個体要因と薬物要因だけでアルコール依存症におちいることもあるでしょうが、社会のなかで生きる人間の場合は、そういうことは起こりえないと述べているのです。

ジェリネックが分けたアルコール依存症の五類型とはどんなものなのでしょうか。

ジェリネックは、この環境要因に注目して、アルコール依存症を①アルファ（α）型、②ベータ（β）型、③ガンマ（γ）型、④デルタ（δ）型、⑤イプシロン（ε）型の五つの類型に分けました。

アルファ型は、心身の痛みから逃れるために飲酒するというものですが、飲みだしたら止まらないとか、毎日飲まずにはいられないといったことはありません。ただ世の中の飲酒ルールを破ったり、社会的なトラブルを多く引き起こします。

ベータ型は、アルコールに関係して内臓を壊しているタイプで、イプシロン型は、過剰な連日飲酒と停酒を交互にくり返すタイプです。

ガンマ型は、飲酒に厳格なプロテスタント系キリスト教徒の多いアングロ・サクソン文化圏によく見られるもので、ひとたび飲み始めるとブレーキが壊れて、とことん飲みつづけてしまうというものです。一方デルタ型のアルコール依存症は、フランス、イタリアなど、酒を飲むことに寛大なカトリック系キリスト教徒の多い国々を中心とするワイン文化圏に多く出現するとされています。このデルタ型は、一回一回の飲酒量は抑制できるが、朝昼晩と切れ目なく少量ずつアルコールを体に入れていないとダメなタイプで、一日、二日という短期間さえ禁酒できないのが特徴です。

飲酒文化に関するピットマンの報告とはどんなものなのでしょうか。

清水新二先生は我が国でもっともアルコール問題に精通されている研究者ですが、アメリカの社会学者ピットマンの研究成果を紹介されたことがあります。それによればピットマンは、各国の飲酒文化が厳正であるかどうかという視点で、四つの文化に分けています。

一　禁酒的文化　――――　酒を否定している。具体例はイスラム社会。

二　両価的文化　――　酒を肯定する考えと否定する考えが並立。具体例はアメリカ。
三　許容的文化　――　酒を肯定しているが、酩酊は否定。具体例はフランス。
四　超許容的文化　――　酒を肯定し、病的飲酒までも一部許している。具体例は日本。

私は入会してから時間が許したとき、記念大会、研修会、断酒学校に参加してきましたが、そういう会場で医師などが講演することも多く、私のアルコール問題の勉強を促進させてくれます。

アルコールの三要素とはどんなものなのでしょうか。

アルコールには三つの側面があります。①飲み物、②食糧、③薬物という要素をもっています。人が空腹になったとき酒を飲むことがあるようにアルコールは食糧の側面をもっています。薬物としてのアルコールは、中枢神経に抑制をもたらせ、脳に精神依存と身体依存と耐性を生じさせます。精神依存とは、アルコールがなければ落ち着かない気分のことであり、身体依存とはアルコールが体内から抜けていくと吐き気や震え、幻覚などの離脱症状が出現する状態のことです。

アルコール依存症は、「意志や性格の弱い人」、あるいは「生活のだらしない人」がかかるものと思われがちです。しかし、こうした誤った認識が治療の機会を遅らせ、症状を進める原因になっています。アルコール依存症は、酒の飲み方を誤ると誰にでも起こりうるものであるのです。

断酒会員が酒屋で立ったままコップをあおっている

私が平成六年四月に進学校に転勤したことは先述した通りです。そして、アルコール問題に関する自己流の勉強を始めて一〇年が経過しました。肝臓が右わきにあることも、酒類が蒸留酒と醸造酒に大別できることも常識として身につけていますが、やはり私は依然として夜明けの行燈のように薄らバカなのです。

松尾高校の一員となった私は、四月末に歓送迎会に出席するために市内のあるにぎやかな街に行きました。老若男女がひしめきながら行き交っているので、居酒屋の看板を見て、私のこころに一瞬、「誰も見てないのだから一杯ぐらいならいいか」という想念が浮かびました。すぐに、ダメだダメだと打ち消しながら歩くと暖簾の下がった大きな立飲み屋がありました。困った店だと思いながら揺れうごく暖簾越しに店中に視線を向けたのです。断酒会員の青木さんが猫背を曲げて、立ったままコップをあおっている！　五条支部の青木さんが飲んでいる！

心臓が跳びだすほど驚きました。隣に料亭があって私は会場の二階大広間に急ぎました。階段を昇りながら、「人違いであったほしい」と祈りのような気持ちになりました。数人の先生がたと談笑したのですが、落ち着きません。洗面所に行って、窓から路面を見下ろしますと、ちょうど立飲み屋が丸見えなのです。青木さんの背中が見えます。

私は開宴になり着任の挨拶もしたのですが、思いは青木さんに集中しています。思いの八割ほどは「大丈夫かな」とか「酒が止まるかな」というような青木さんの身の上を憂えるものでした。二割ほどが「みんなが我慢している酒を隠れてうまく飲みくさった」という暗い嫉妬でした。

連休中に五条支部の例会がありましたが、青木さんが建康そのものの顔色で参加していました。青木さんらしい人影を見たことについては、支部長の水橋さんにだけ伝えておきました。しかし、その後、櫛の歯が欠けていくように出席日数が減っていき、夏からまったく姿を見せなくなりました。その前後に満中陰のハガキが届きました。もう一年近くも姿を見せていない西脇ひろ子さんのご母堂からのもので、ひろ子さんの死去を知らせていました。

私は五条支部におけるふたりの不幸から落ち込みましたが、元気を回復させる過程で、酒をやめる方法を本に書こうと決意しました。

土曜日にはソフトボール部の勤務や渡日一世の聞き取りがあり、日曜日には断酒会活動が多くあり、平日も夜には教材研究があり、結局は夜の一一時ぐらいからしか執筆できないのです。しかし、すこしずつ書いていきました。

平成八年四月に副会長になり、役員会の要請を受けて実態とあわなくなっている会則を改正する作業を開始しました。五条支部は、例会場が私鉄の駅のすぐ近くに立地し、例会場の周辺に大人口を擁しているので、会員がひしめく大きな支部になっています。このため定着率や断酒率がいちじるしく劣化し、数年まえから五条支部の分割と新支部の創出が話題になっています。しかし、支部に残ることも出ていくことも、自身に引きつけて考えたら、「恐ろしいこと」と受けとめられているのです。奥泉会長が私に、「五条支部の分割に取組んでほしい」と要請しました。

医療、行政、自助グループが三位一体のスクラムを組む

平成九年二月に一葉のハガキが舞いこみました。小杉クリニックの系列である小杉記念病院の院

長をされていた、アルコール医療業界の鬼才・植松直道さんが「奈良市内でアルコール専門外来の植松クリニックを立ちあげる」と報告してきたのです。

私は三月の役員会に出ました。そして植松クリニックと保健所を念頭に、医療と行政と断酒会が三位一体的にスクラムを組んで市民にアルコール依存症を啓発していくべきだ、と提案しました。植松クリニックが患者を治療し、保健所も依頼者にカウンセリングを実施していますが、三者が連携する新組織を創れば、単独で行っているよりも何倍もの大きな力を発揮できる、と主張したのです。すぐ奥泉会長と他の役員も賛意を示してくれ、会長が私に病院や保健所、市役所にもってまわる趣意書を書いてくれ、と言いました。

その場で新組織は「奈良市アルコール関連問題懇談会」と名づけられ、平成九年一〇月一三日の午後六時から創立準備会を開催すると決められました。

私は勤務に支障のない日を選んで市内の病院、県精神保健福祉センター、市役所、保健所、教育委員会、警察署、消防署、私立中高、裁判所を訪れました。

訪問した病院は五つになりましたが、どこもアルコール依存症の増加には危機感をもっています。しかし、どの病院も、予定している偶数月の平日の午後六時からの定例会には出席しづらいと返答するのです。

市役所の健康増進課と福祉課は準備会にも定例会にも出席すると言ってくれました。保健所も同様な応答をしてくれました。

教育委員会には何度も足を運びましたが、課長補佐は議会で決定されていない現状では参加できないと言うのです。何度行っても、課長補佐が木で鼻を括るような態度を取ります。

警察署は飲酒にかかわる犯罪や飲酒運転に関係して、消防署も救急車に関係して、家庭裁判所もアルコールがらみの離婚調停に関係して、新組織創設のメンバーになることはできずとも定例会には出席させていただくと返答してくれました。

二つの私立中高を訪ねて養護教諭に会いました。この中高にも三回ずつ訪問したのですが、創立準備会にも定例会にも来てくれませんでした。養護教諭と二〇分も面談していると応接室に電話が入ったり事務員が来たりで、学校は多忙なのだと再認識しました。

一〇月一三日、創立準備会に集まった顔ぶれは、奈良県精神保健福祉センター所長、植松院長、奈良市役所健康増進課課長補佐、福祉課課長補佐、保健所保健予防課課長補佐、吉田病院副院長と断酒会の役員です。

満場一致で奈良市アルコール関連問題懇談会の創設が決められ、すぐ会則案に移りました。会則については断酒会のほうで原案を用意しています。「本会は、奈良市におけるアルコール関連問題について、その関係機関が相互に理解・連携を深め、酒害対策の推進と社会福祉の増進に寄与することを目的とする」という原案が賛成多数になりました。その他の項目、すなわち事業、構成、会議、会費についても原案が賛成多数になり、それぞれが会則の条文になりました。

アルコール講演会を六回ひらいて市民を啓発する

一二月に開いた定例会で、平成一〇年四月第一週から週に一度の割で、全六回、アルコール講演会を開催することが決まりました。講演会ではそれぞれの道の専門家が九〇分間話すこととし、それに先立って、いわば前座のように断酒会員が体験談を発表することも決定しました。

各回の講演会のテーマも決まっています。その内容は、

第一回　アルコール依存症について
第二回　アルコール依存症と治療
第三回　アルコール依存症と合併症
第四回　集団心理療法
第五回　自助グループ論
第六回　社会福祉・社会保障論

というものです。

六回とも保健所大ホールが満席になり、立ち見もありました。駐車場は余り広くなく、周辺の路上に多くの車が停められていました。毎回、事後アンケート調査をしたのですが、提出されたもの

によれば、いつも参加は六〇人を越えていました。内訳は病院関係者が三分の一、一般市民が三分の一、断酒会が三分の一です。病院からは事務職員や相談係、ソーシャルワーカー、通院患者が来てくれ、市役所の広報紙を読んだ市民も来てくれたのです。

体験談も講演会も、和気あいあいとした家族的な雰囲気で終始しました。断酒会員や家族は日ごろから慣れていますが、市民などがアルコール依存症の話や体験談に接することがなく、大ホールは異常な熱気に包まれました。講演会が終ってから一〇分程度の質疑応答が用意されていました。

初老の男性が、

「断酒してはっても年に何回かは飲まはんのでしょう」と前座の断酒会員に質問しました。

「スリップする人は別にして、断酒ゆうのは全然飲まんのですわ」と断酒会員。初老が、

「ふあぁ！　偉い人やなぁ！」と讃嘆の声をあげます。回収されたアンケート用紙には偉業に対する賛辞が書きこまれていますし、やめつづける会員や家族へのいたわりも記されています。質疑応答やアンケートを通して、アルコール医療者は社会的には日が射さない分野に取組んでいるとして、大いに敬意が示されました。専門病院の医師は、

「アルコールのお医者さんはマザーテレサみたいなお方ですね」と激賞されました。

講演会にはかならずアルコール依存症の疑われる人が出席します。問題の多い飲み方をしている当人は講演内容が気になって参加してくるのです。質疑応答の時間に挙手して、質問するのですが、そういう人は、

「僕のことではないんですよ、弟なんですが」と取り繕います。男らしく自分が問題飲酒者だと打

ち明けてから医師に相談する人もいます。断酒会員と家族は津々たる興味を示しながら聞いています。朝の出勤まえに飲み、昼休みにもオロナミンCだと偽ってウイスキーを飲み…と白状した人に対して、アルコール医師が、

「二、三日中に、うちのクリニックに来ますか」と誘うことがあるのですが、このときばかりは、問題飲酒者とアルコール医師のやりとりを聞いていた断酒会員・家族が良かったと叫びたくなる一瞬です。

法律の力でアルコール依存症を削減させるという発想

奈良市アルコール関連問題懇談会は、平成一〇年から今日にいたるまでアルコール問題の講演会を休みなく開いてきました。この間、講演会に出席した市民ののべ数は相当なものになっているでしょう。三位一体的なスクラムを立ちあげ、日常的に定例会を開き、年に数回は市民を対象にして啓蒙活動を行ってきたのは、全国的には希有のことだと思います。

今日では市民啓発活動を行う断酒会もめずらしいことではありませんが、平成九年、平成一〇年の時点では全国的にも類例がなかったのです。講演会で夫の酒害に気づいた妻が、そのあと、夫婦で断酒例会に姿を見せるようになったのです。こういう救済劇を見たいという思いが断酒会側にあり、しかもそれが実現する点に三位一体のスクラムが崩れない原因があるようです。

松尾高校では土曜日に少人数の在日生徒とともに在日一世渡日の聞き取りに出かけたり、ソフト

ボール部員を引率したりしました。奈良市アルコール問題懇談会がスタートしてからも、一、三年間、折りを見て市内の私立中高や教育委員会、病院を訪問しました。それは、安定的かつ堅固な懇談会を構築したいからにほかなりません。そうこうしているうちに、奥泉会長が再飲酒しました。二〇年以上やめてきた人の再飲酒だったので、近畿地方の会員・家族に大きな衝撃を与え、役員会が大荒れになり、奥泉会長に罵声が飛びました。断酒会を鎮静化させるためと説得されて、私が会長になりました。

会長になった私は、電光石火の早業で五条支部を分割させ、新支部を希望する家族を募って湯浅支部を創設させました。

平成一一年三月に『酒はやめられる』を上梓しました。自助グループを知らない人たちに酒のやめ方を説いた本ですが、売れ行きは好調でした。当時、類書がなかったし、活字を通してのアルコール依存症のカミングアウトが初めてであったからだと思います。

この本にアルコール依存症を五類型に分けた場合のガンマ型とデルタ型の特徴、少量飲酒におけるJカーブ効果、精神依存と身体依存など仕事の合間にこつこつ勉強してきた知識を散りばめました。出版の大きなモチベーションは、日本の酒害を大幅に減らす方法を明らかにすることにありました。参考になる文献がまったくないなかで、考えつづけてきたことを「アルコール問題対策基本法」（私案）として同書に発表しました。それは、

第一章　総則
第一条　法の目的
第二条　建康への努力
第三条　国、地方公共団体および国民の責務
第四条　定義
第五条　個人の尊厳
第六条　施策の基本方針
第二章　アルコール依存症の発生と予防に関する基本施策
第七条　研究と制限
第八条　職業紹介
第九条　例会出席
第十条　啓蒙
第十一条　保護

というものです。

第一条の法の目的で「この法律は、アルコール問題を国民的課題と位置づけ、健常者の健康を守るとともにアルコール依存症者の回復と生活の安定に寄与する等その福祉の増進を図ることを目的とする」と書きました。国による都道府県におけるアルコール病棟の設置義務（第六条）、断酒し

つある者への国民による援助義務（第三条）、アルコール依存症者による健康への努力（第二条）、アルコール依存症者は個人の尊厳を重んじられる（第五条）、雇用主による従業員に対する早期発見・早期治療の努力（第七条）などを盛り込みました。

本を読んでくださった方がたが編集部宛に全国各地から感想をお寄せくださいました。しかし、「アルコール問題対策基本法」（私案）の部分にはまったく反応がありませんでした。当事者のみならず医療者も法律制定による酒害削減策の意義がわかっていないようです。断酒会の幹部が、法律によってアルコール依存症を減らしていくという私の構想に、「酒害対策は断酒会があれば十分だ」と一蹴しました。

ふだんは学校での勤務、ソフトボール部や断酒会での雑務が次つぎ待ちかまえていて、なかなかアルコール問題の勉強時間を確保することができません。例会から帰り、夕食や入浴が終わった午後一一時ごろから机にむかう毎日です。

勉強をつづけていて、日本では一日五・五合以上を飲む大量飲酒者が二〇〇万人、一日三合以上を飲む多量飲酒者が八〇〇万人であり、酒がなければ社会が機能し難い国情であり、日本は社会そのものがアルコール依存社会だと信じるようになりました。

朝日新聞が書評欄でほめてくれた

平成一六年一一月に『アルコール依存社会』を出版します。この本にも基本法を制定して法律の力で酒害の削減を図っていくべきだという私の年来の主張も盛り込みました。

私はまた同書でアダルト・チルドレン論を多面的に批判しました。斎藤学、信田さよ子、西川京子の三氏がアダルト・チルドレン論を熱狂的に鼓吹し、燎原の火のように社会を焼きつくし成育歴に瑕疵をもつ若者に絶望感が広がっていました。

私はアダルト・チルドレン論を真正面から批判し、人間は困難な環境を乗り越えていけば大きく成長できると説いたのです。

「艱難汝を玉にす」のモデルに室生犀星を選びました。犀星の生育歴はどういうものだったのでしょうか。犀星にとって、どんな父母であり、どんな出生だったのでしょうか。犀星の実父は剣道場を開いた道場主でしたが、女中に手をつけ孕ませてしまいました。妊娠した女中が犀星の実母で、実父は世間体から寺の住職のメカケである赤井ハツのもとに生まれたばかりの犀星を送ります。ハツは不義密通の子ばかりをもらい受け、その養育費で生計を立てていました。もらい子たちをあごで使い、キセルで折檻し、昼間から諸肌ぬぎして大酒を飲む女でした。犀星はハツの私生児として育っていくのですが、少年時代は裁判所の給仕として働きます。

犀星は密通の子として白い目で見られ、極道女に育てられ、小学校さえ中退させられたのですが、だからこそ犀星は発奮して類まれな詩情をつむぐ文豪になったのです。艱難が犀星を成長させたのです
翌年の一月の日曜日、朝日新聞の書評欄が『アルコール依存社会』を大きく取りあげてくれました。評者は評論家の宮崎哲弥さんであり、私のアダルト・チルドレン批判論に全面的な賛同を寄せ

てくださったのです。

アダルト・チルドレン論には、親に買ってもらった舶来のおもちゃを近所のあまり裕福でない友だちに見せびらかす中学生のような浅はかなところがあり、その愚論は世の中の賢明な人びとの批判を受けて急速に衰え、消滅していきました。

私が朝日新聞に評価されて有頂天になっていたころ、断酒会に会員減などの困った現象が押し寄せてきます。

小泉内閣のころ、断酒会の退潮が鮮明になりましたが、その退潮は経済のグローバル化に即応する新自由主義的な改革と結びついていました。新自由主義的な政治によって公共の福祉や国民の幸福はどうでもよいものになってしまい、代わりに自己責任という概念が生まれます。たとえばアルコール依存症であるということは、自分が本来の義務（適正飲酒）を怠ったことの結果であり、社会に責任を求めることはできないと考えるようになったのです。

小泉さんの内閣によって、非正規雇用、格差、シャッター商店街が現われ出、断酒会も弱体化してしまいました。つまり、断酒会を社会的にサポートしていた部分が自己責任で賄うべきものとされ、酒害は自分の蒔いた種だと見なされるようになったのです。

小泉さんが内閣を組織するまえは、断酒会は義理と人情を重んじ、浪花節みたいに燃えあがる自助グループとして定評がありました。それが小泉内閣のころから断酒会は腑抜けの殻のようになり、記念大会や研修会にも人が集まらなくなったのです。

断酒会は例会場として公民館を使わせてもらっていましたが、小泉改革のころから公民館の使用が全国的に有料化になったのです。

人間はもっと粘っこい関係で他者と結びつけ

また、断酒会は古くから公費による助成を訴えてきたのですが、それに応えて断酒会に対して少々の補助金を支給してくれる地方公共団体が多かったものです。ところがやはり小泉さんが首相であったころから、補助金が減額されたり廃止されたりしています。

現代の日本は、一体感のない社会であり、他人に関心をむけない社会であり、誠実が重んじられない社会であり、燃えるような情熱のない社会です。

私は個人も国家ももっと相互に力になりあうべきだと思います。もっと信じあい、誠を尽くしあうべきです。個人も国家も結局は一緒であり相互援助が欠かせないのです。

人間はもっと泥んこにならないと真価が発揮できません。人間はもっと粘っこい関係で他者と結びついていってこそ、価値あるものを創りだせるのです。私は学生時代に一年間を費やして世界漫遊旅行をしましたが、サンフランシスコではチャイナタウンを見物し、その門に掲げた額「信義誠実」に打たれました。粘っこいチャイナタウンの繁栄も、個人と個人が信じあう、誠を尽しあうというところから発しているのでしょう。

トーマス・ホッブズはイギリスの哲学者で、唯物論の立場に立ちました。彼は、国家を怪物「リヴァイアサン」にたとえ、人間の自然状態を「万人の万人に対する闘争」ととらえました。そこでは、人間は闘争の恐怖と平和を求める理性的判断によって、それを免れるために契約を結んで国家をつくる、という社会契約説によって、国家の成立を理論づけました。そして、ホッブズは国王に絶対的支配権を認め、専制君主制を擁護しました。

ホッブズの主張には人間は互いに敵対していては自滅するだけであるから、政府を創るべきだという訴えがあるのです。すなわち、国家なり政府なりを創っている構成員にとっては公共の福祉や国民の幸福が最大の善、最高の目的になっているのです。公共の福祉と国民の幸福が最大の善であってこそ、自己責任もあれこれと考えることができるのです。公共の福祉も国民の幸福もともにどうでもいいものと見なすようになれば、まったく自己中心的な、弱肉強食的な世の中になります。

裏日本で爪に火をともすような暮しをする男女が、荒波をかぶって怨念、痛み、悲しみ、淋しさに悶えながら弱肉強食的な世間に潰されていくというのが水上勉の世界です。そういう情念を描ききった水上の主要な作品はヘミングウェー、フォークナーと同じように世界の大文学に加わるべき傑作であり、奇形・グロテスクを造型する大江健三郎や村上春樹と明瞭に異なって、日本人の琴線に二百年後も生きつづけていくでしょう。鷗外、漱石、藤村、荷風、芥川、谷崎、川端、三島を精読してきましたが、私はこういう文豪よりも庶民そのものの日本人のこころを描いた水上が最大最高の作家だと思います。

劣等感にさいなまれる小僧の目を通して、住職とその情婦との愛欲を描いた『雁の寺』、竹人形師と美しい母性を造型した『越前竹人形』、無期懲役の刑で仮釈放された者の社会復帰の道の遠さを描写した『その橋まで』の三作品は水上文学の最高峰でしょう。

この三作品において水上は工業とか都市とかが成立する以前における弱肉強食的な人間の業を描き切っています。

日本の古い時代の民衆は、特に卑賤視されている人びとはこころやさしく、心根も非常に温かった。訪れた者を一生懸命にもてなそうとする。そんなもうなくなってしまった昔の共同体のような土地を背景にして、水上作品の登場人物がうごめくのです。

学校に勤めるということには知識を切り売りするような一面があり、私は副会長をしていたころに昼夜開講制の大学院・修士課程に通っていました。私が卒業する直前に博士課程も設置されたのですが、昼間大阪で働き、夕時に京都の大学院に移動し、深夜奈良に寝に帰るという生活がひどい負担になっていたので、進学する道は選びませんでした。

数年してから博士課程に進んでいた修士課程時代の友人から、「博士号をもらった」というハガキが届きました。その友人がさらに一年ほどしてから学位論文を書籍化した『社格の研究』（東洋経済新報社）を送ってくれました。

健康な飲酒者も対象とする法律でなければ効果が現われない

友人の学位論文を読んで感動した私は決意します。私もアルコール問題を大幅に減らす方法を研究して学位論文に書こう、と。そして、私は、いままで取組んできた「アルコール問題対策基本法」には重大な欠点があることを認めたのです。アルコール問題＝アルコール依存症の問題だと認識してきたが、事実においてアルコール依存症の問題はアルコール問題のごく一部に過ぎなかったのです。

WHOは一九七九年のWHO総会で、アルコール依存症を中心に据えながらも、守備範囲をひろげる「アルコール関連問題」という概念を提出していた。この概念によって、医療的対応を必要とするものは、これまでのアルコール依存症の他に、①健康問題、②事故、③家族問題、④職業問題、⑤犯罪・非行問題を包含したものとなったのです。私が「アルコール問題対策基本法」において、問題解決の対象としているのはアルコール依存症だけです。日本には約一一〇万人のアルコール依存症者がいるのですが、入院・通院という形で現に治療を受けているはわずか約四万人だけです。要するに、客観的には「アルコール問題対策基本法」の力で削減しようとしているのは、アルコール依存症を病む人だけということになってしまっているのです。

私は、日本のアルコール問題を大幅に減らす方法を明らかにしたいのであれば、もっともっと社会的に広範囲に翼をひろげねばならない、と思いました。普通の飲酒者、内科的な病人、事故を起こす人、飲酒運転をする人、飲酒して暴言・暴力に関係する人、飲酒にかかわって休職したり失職する人、飲酒してから犯罪や非行に関係する人、飲酒に関係して離婚する人、飲酒に関係して家庭が崩壊する人なども削減対象にしなければならないのです。くり返してくどいですが、アルコール依存症者だけを対象にする法律ではダメなのです。別の表現をすれば、一九世紀中葉以来、飲酒問題の解決をめざして苦闘してきた欧米先進国のアルコール政策上の成果に学ばねばならないのです。

私は日本語の本を集めて勉強し、『酒はやめられる』や『アルコール依存社会』などを書いてきたが、それが日本のアルコール問題を大幅に減らす方法を明らかにするものではなかったのだから、今度は、博士課程に舞台を移して、英語文献を渉猟してアルコール問題に関する先進国の事例を究めるべきだと考えたのです。

五九歳の私が博士課程の入試を受けたら首尾よく合格しました。勤務先の定年は六〇歳ですが、来年もう一度受験したとして合格できるかどうかは保証がありませんから退職することにしました。

平成一七年四月、入学式に出席しましたが、会場は新入生の席と父母の席に分かれていました。私が新入生の席に着席しようとしたら、大学院の職員が飛んできて、私の肩や腕に手をかけるのです。父母の席へ連れていく気のようです。私はそれに従わずに座ろうとします。別な職員が私の手首をつかんで、

「お爺さんは父母席ですよ」

職員の目には父親にも映らなかったようです。

入学式のあと、主査教授が井上恒男先生（福祉政策、社会サービスの横断的研究）だという発表がありました。井上先生は東大法科を卒業されてから厚生省に入り、イギリスへの長期留学やロンドンの日本大使館での一等書記官としての三年の勤務（出向）を経て、古巣で局長にまで昇りつめ、そのあと、研究の道に入られた。井上先生は、研究にも教育にも雑務にも誠実にむきあわれ、骨太い構想力とずば抜けて緻密な分析力をもっておられる。

初回のゼミで先生は、研究テーマの一つに「アルコール依存社会」を加えることと、欧米先進国のアルコール政策を研究して土俵をつくることを要請されたのです。

例会に草刈りに介護に…と多面的にがんばった博士課程

私が学位論文をめざした数年間は不思議に時間的なゆとりに恵まれていました。山村で暮しているので共同体としての係分担がまわってきます。現在、自治会役員、檀家総代、自警団、老人会などの係に就いているのですが、当時はまったく無役でした。断酒会のほうでも会長職は降りて、県の会計係だけに就いていました。勉強のし放題です。

博士課程時代、仕事は朝八時まえから始めます。年から年中、草刈り機で植林した山の下草か田の岸の草を刈りますが、三時間ていどで終えます。仕事が終わったあと、机にむかって一心ひたすらアルコール問題の勉強をします。午後一時まえに勉強を終えて入浴し就寝します。私は朝型ですので、毎朝四時から机のまえに座りました。七時まえにいったん勉強をやめてテレビでニュースを見ながら朝食をとります。コーヒーを飲みながら新聞に目を通します。そして八時まえから草刈りをするのでした。

私は博士課程に四年間在籍しましたが、この期間、泊まりがけの旅行も日帰りの旅行もしませんでした。それどころか例会出席をのぞけば、二時間ていどの外出さえ一回もありませんでした。私の寓居は海抜四百メートルの僻村にあり、夏場は多少すずしいのですが、洋館の離れ屋で勉強していると、真夏は朝のうちからTシャツが汗で濡れだすのです。午後になると乾いたところがないほどびっしょり。クーラーがあるのですが、私は点けませんでした。自分を追い込むためです。

日本人を幸福にするためにアルコール問題を大幅に減らす方法を追究していて、辛いことや苦しいことを越えていってこそ、強くて優しい人間になれるのだ、人のことを想う温かなこころが生まれるのだと自分で自分に言い聞かせました。

井上先生から、学位論文に取組んでいる者は、だれもが心身の不調に直面すると教えられました。私の場合は眠り鼻にやってくるのです。毎晩のように眠って一分、二分経ったとき、息ができないほど胸が締めつけられるように痛み、目が覚めてしまう。目覚めた布団の上で茫然となりながらよく死ななかったと思う。二週間に一〇回ていどの頻度で出現していました。クリニックを受診したのですが、どうやら心因性のものと思われ、私は勉強を弛めませんでした。

清水新二先生に挨拶に行き、欧米のアルコール政策を詳述した本を紹介してもらってくるようにと井上先生が言われた。清水先生は断酒会の記念大会で講演をされていたから二〇余年まえから存知あげています。私が精神科医の物するアルコール依存症本に食傷気味のときに清水先生の『酒飲みの社会学』に出会い、社会科学は大きな仕事ができると感心したのです。

挨拶のあと、私は、

「日本のアルコール問題を大幅に削減する方法を明らかにすることに私の宿願があるのですが、どういう方法をめざせばいいでしょうか」

清水先生は言下に、

「政府は健康日本21などを実施しているが、そうしたナショナル・ポリシーに沿って考えていけばよろしい」

私は先生の言葉を飲みこみました。さらに先生は私にアルコール消費量とアルコール関連問題の発生は正の関係にあるといわれました。国民一人あたりの消費量が多ければ多いほど、飲酒にともなう各種の損害が国家的規模で大きくなり、逆に一人あたりの消費量が少ないほど飲酒にともなう国家的損害は小さくなる。こういう捉え方は公衆衛生的パースペクティブと呼ばれている。そして、このパースペクティブが今やアルコール問題対策に関して世界の常識になっている。そう清水先生が具体例を引きながら説明してくださいました。多く飲む国は、多くのアルコール関連問題、すなわちアルコールがらみの疾病や事故やＤＶや離婚や欠勤や犯罪や児童虐待などが起きている、というわけです。

国民一人あたりの酒類の年間消費量こそポイント

「消費量が多い国ほどアルコール関連問題が多いということは統計で裏付けられているのですか」と私が問います。

「裏付けられていますよ。色んな統計があって、消費量の多い国ほどアルコール関連問題が多いですね。消費量の少ない国ほど問題が少ない。これは日本の府県にもあてはまります。東京、大阪、秋田、高知は消費量の特に多い地域ですが、アルコール関連問題の多発府県でもあるのです。三重とか奈良とか和歌山とか徳島はアルコール消費量の少ない県であって、アルコール関連問題もまた少ない」と清水先生が答えられました。

「それなら国が消費量を減らす取組みをすることですね」

「その通りだね。国民一人あたりの酒類の年間消費量はアルコール政策を創りだす際の指標にしているのですよ、アルコール政策の先進国では」

「最近消費量が増えてきたのできびしい政策に転換しよう、という具合にですか」

「そうです。欧米先進国では官僚や政治家が、消費量の統計データーを見ながら議論しているんだな。それを一般的に総量抑制アプローチと言うのです」

私の胸に〈国民一人あたりの酒類の年間消費量〉という指標が飛びこんで来ました。

日本では国民一人あたりの酒類の年間消費量は、純アルコール換算値で六・五リットル、六・四リットル、六・三リットルという辺りにあるのですが、その増減を注視している役人・国会議員などいないだろうと思いました。日本のアルコール問題を大幅に減らすということは、〈国民一人あたりの酒類の年間消費量〉を減らしてこそ実現する。しかし、国民一人あたりの年間消費量をどうすれば減らせるのか見当がつきません。

清水先生は、帰りがけにGriffith Edwardsらの"Alcohol Policy and the Public Good"など六冊の英語の本を紹介してくださった。私は高齢ですし英語を使う仕事をしてきたわけではないので英語はあまり得意ではないのですが、欧米のアルコール政策を知りたい一心の私には少し辞書を引けば読み進めることができました。こうして最初の一年間で六冊の英語文献を読破できました。

私は、清水先生が話題にされた健康日本21を考えつづけます。

私の博士課程在籍期間は、平成一七年四月から平成二一年三月までです。健康日本21というプログラムが実施されていたのは平成一四年四月から平成二五年三月までです。

日本では戦後の早い時期から適正飲酒政策を採ってきました。自分の責任で適量を上手に飲みかつ酔えという内容ですが、この健康日本21に適正飲酒政策が込められているのです。国は平成二五年までの達成目標の数値を掲げました。①一日に平均三合以上を飲む人を二割減らす。②未成年者飲酒をなくす。③適正飲酒として、一日平均一合弱である旨の知識を普及させる、というものです。

適正飲酒だけではとてもダメだ

私は勉強をつづけて適正飲酒の効果に懐疑的になりました。飲酒者には適正飲酒が欠かせないのですが、それだけでは日本はよくならないと思う。日本のアルコール関連問題を大幅に削減するには適正飲酒だけでは実現しないのです。

飲みあがり、耐性ができ、活性型の遺伝子をもつ人間に一合で切りあげることは困難でしょう。以下のように調査・研究が進み色いろと判明していることがあります。一日に一合以上を飲酒している者が約三四〇〇万人、一日三合以上を飲酒している者（多量飲酒者）が八六〇万人、大量飲酒者、すなわち一日に五・五合以上を飲む者が二二五万人ということが分かっています。私は健康日本21政策を通して適正飲酒が必要だとする知識を与えても、適正飲酒することができない人びとが多数存在すると思います。それは、アルコール依存症、その予備軍、多量飲酒者などであり、健康な人びとの中にも、飲酒に寛容な環境に即応して適正飲酒から逸脱する人びとが多い。

くり返してくどいですが、適正飲酒が必要だという知識は欠かせません。しかし、近くに酒類があれば飲んでしまう。それが人間の本性です。戦後一貫して国がやってきたのは適正飲酒の啓蒙だけだったのです。日本に必要なことは酒類を入手しにくい、酒類を買いにくい社会に変えることです。

現状の日本では酒は造り放題、売り放題、飲み放題になっています。いつでもどこででも酒は売られています。JRの売店にも私鉄のキヨスクにも売られていますし、スーパーには要塞のような酒類売場がありますしコンビニでは二四時間売っています。

街角には小学生でも利用できる酒類自販機が並んでいます。テレビCMでは、口に泡をつけてビールをグイグイと飲むシーンが大写し放映されています。

要するに、国は適正飲酒の知識を広めながら、同時に酒類の小売、広告、価格に関して規制を加えなければならない、ということです。

博士課程に入学して二年目になったとき、井上先生が一冊の本を紹介してくださいました。それは、ロンドン大学のジェフリー・ローズ教授の The Strategy of Preventive Medicine の訳書『予防医学のストラテジー——生活習慣病対策と健康増進』(医学書院)です。この本を机の上に置いて、井上先生と私は数回にわたって議論したものです。

日本の酒害を大幅に減らす取組みを考えるとき、何に対して(誰に対して)対策を立てるのかという問題が浮上してきます。アルコールをまき散らしている者は、アルコール依存症者であり多量飲酒者です。だからアルコール関連問題を社会にまき散らしている者は、アルコール依存症者や多量飲酒者をターゲットにする対策を採れば十分なのか、一般住民に対策はいらないのか、という命題が浮かび上がってきます。アルコール依存症者や多量飲酒者が「少量飲酒」に戻れば、社会からアルコール関連問題がなくなるのか。つまり、個人に介入するのか、それとも、集団に働きかけるのか、という問題になってくるのです。

社会全体を対象とする法的規制こそ欠かせない

ジェフリー・ローズ教授が本の中でひどく大切な実証結果を述べています。すなわち、「小さなリスクを持つ大集団から発症する病人の数は、大きなリスクを抱えた小集団からの病人の数よりも多い」と。ジェフリー教授の主張は、アルコール対策を考える場合に大切なことであるが、疾病と健康という二つの山が別個にあるのではなく、飲酒者であればどんな人にも酒害が現われるという認識に立つべしということです。飲酒者ならば大なり小なり酒害がでていると考えよというわけです。

アルコール依存症者だけに働きかけるのは効率的ではないのです。大きなリスクを持つ個人への介入のみに頼るのは限界があり、リスクが集団全体に広く分布している場合には、対象を一部に限定しないで集団全体に働きかけるのがいいのです。アルコール問題というのは、社会全体にリスクが広がっている事例の典型なのです。つまり、アルコール問題を大幅に減らそうとするなら、大きなリスクを抱えたアルコール依存症者や多量飲酒者に対策を立てながら、同時に、その社会全体にむけた、法的規制、酒税・酒価の値上げ、小売規制、広告規制が必要になってくるのです。

私は四年間にわたって時どき、清水先生の研究室にも教えを乞いに行き、井上先生の研究室にも足しげく通いました。井上先生は次つぎと英語文献をくださいました。

睡眠時間を削って勉強していたとき、国民一人あたりの酒類の年間消費量を減らす具体的方法がひらめきました。それは、酒類に酒税とは別個の、新しい税金を加えればいいというものです。

現行の酒価は、①原価、②メーカー利益、③販売者利益、④酒税で構成されていますが、私が考える酒価は、①原価、②メーカー利益、③販売者利益、④酒税に⑤公衆衛生的コストを加えたものなのです。公衆衛生的コストは酒害削減を目的にした新しい税で、私が個人的に考えているものです。欧米のいままでの取組みから、酒の価格が上昇すれば消費量が低下することが明らかになっています。

健康を維持・増進させるにはコストが必要ですし、アルコール関連問題を減少させることにもコストがかかります。それを公衆衛生的コストで賄いたいのです。日本には酒の相対価格の値上げを説く研究者がいるが、それを公衆衛生的コストの新設で実現しようとする研究はありません。公衆衛生的コストという名の新しい税を酒価に導入すれば、確実に酒類の年間消費量が減少するはずです。徴収した公衆衛生的コストは、全額アルコール問題対策事業にまわすものとします。

大学院の四年目に私は学位論文を仕上げました。その柱はアルコール基本法案です。酒税の一定割合を財源として、地方・民間への補助金制度を創りだす、地方公共団体にアルコール課を新設する、小売の専売制を検討する、医学部・病院にアルコール科を設置する、夜のゴールデンタイムに毎晩、二分間、テレビにおいてアルコール問題を放送する、などを基本法の内容としました。

こころに思ってきたことが現実のものになる

平成二一年一月、清水先生にも副査になっていただいた総合審査会で、私は六〇分ほどプレゼンテーションを行い、直後、教授たちから「非常によかった」とほめていただいたのです。清水先生からはA4サイズの三枚の紙にかかれたコメントもいただきました。独創的な研究であり、先行研究に過不足がなく、チャレンジングな姿勢が好ましいとお書きいただいていました。同年三月、妻や娘夫婦が見守るなか、私は学位授与式で博士号をいただき、夏には出版社の協力を得て、学位論文を『脱アルコール依存社会をめざして―日本のアルコール政策への提言』という書名で上梓することができました。今日一日だけに燃焼し、それを長く継続してきたから達成できたのです。こころに思い描いたことは現実のものになるのです。

インターネットの検索によりますと、日本の一五〇ほどの大学が同書を購入して大学図書館に入れてくれました。私は断酒会に入会して半年ほど経ったころ、日本のアルコール問題を大幅に減らす方法を明らかにし、それを文書化して世間に提出したいと思っていましたが、ようやく私の宿願は実現したわけです。

大学院時代に、学会誌にいくつかの論文を投稿してアルコール基本法の必要性も論じました。

朝日新聞の「私の視点」（一〇五二字）欄にも「アルコール依存症に対する偏見の除去」（平成二一年）、「WHO指針に沿う新法を」（平成二二年）などを発表しましたが、後者は制定されるべき基本法の骨子を述べたものです。

朝日新聞掲載の三年後に毎日新聞の記者が取材に来てくれたので、私が基本法構想をしゃべり、それが大きな紙面になったこともあります。

基本法を創りだしたい思いで一杯

私にはアルコール関連問題を大幅に減らすアルコール基本法制定への願望がいよいよ募り、平成二三年、学会誌に「アルコールに対する社会的コントロールの必要性」を掲載しましたが、この論文は基本法を実地に制定した場合のメリットを詳しく述べたものです。

反響がありました。

共同通信社やNHK福岡放送局や読売新聞社大阪本社などの記者からの問合せ・質問がありました。「スウェーデンの飲酒運転対策はどうなっているのか」、「アルコール基本法の制定時期はいつごろか」、「大学生の飲酒に対して大人社会は何をすべきか」などと問われました。衆議院議員の秘書を名乗る人が「公衆衛生的コストは金額的にいくらぐらいを考えているのか」と聞いてきたこともあります。

学会誌は発行が六、七年もまえのものでも筆者に質問が届きます。「私の視点」は全国紙に載るわけですが、購読者が本社気付で私宛てに手紙を送り、私の家に転送されてくるのでした。多くは私の意見に賛成するといった内容でした。それから新聞は発行直後に反響が集中していました。

学位論文に取組んでいたとき、心身がいつも好調というわけにはいかなかった。精神的な不安がありました。大学院に身を置いて、時間やエネルギー、経費を費やしているが、果たして、日本の酒害を大幅に減らす方法を明らかにできるのか、という不安です。

アルコール基本法に熱中していた時代、断酒会では会計係として断酒会の運営にタッチしていました。湯浅支部における人間関係もそれなりに複雑でした。同居中の高齢の実母が認知症になっていたので、介護にも神経を使いました。大学院に通っていた四年間は夢や希望もありましたが、色んな所からプレッシャーが押し寄せ、苦しんでいる時期でもありました。

八正道で修業していく夜明けの行燈のような私

私には他の人よりも正しく物事を捉えて正しく判断し、正しいことばで伝えたいという欲求が強いようです。それは学校に勤務していたことや、例会では体験談を語って生きてきたという前歴と結びついているように感じます。一人の子の言動から教室が大揺れになることが多いし、私の言動も生徒たちにどう判断されるか読み切れない面があります。断酒会では、会員のひとことから退会したり、スリップすることがあります。

物事を正しく見つめ、正しいことばで話したい。不安に押し潰されそうなとき、私は正しく物事を捉えて正しく判断しようと努めました。それを正しい言葉で人に伝えたいと思い、また実行もしてきました。

五〇年近くまえ、私が大学を卒業したころ、宗教心はまったくなかった気がします。学生時代もそのあとも、私は薄らバカでした。断酒会に入会してから生死を考えるようになりました。自助グループに遭遇できたことを「とても幸運なことだった」と思うとともに私が生きていることに他者の意志を感じるようになりました。やがて神仏や霊魂の存在を疑わないようになりました。死ぬべきはずの自分が救われたという思いからいつとはなしに、お釈迦さまの八正道に惹かれて、お釈迦さまの説かれた八正道を自分なりに理解して実践しました。

仏典には、

「比丘たちよ、苦の滅にいたる道の聖諦とはこれである。すなわち、正見、正思、正語、正業、正命、正精進、正念、正定である」とあります。その最初に来ているのが①「正見」です。仏教では「見ること」と「与えること」が重要な二本の柱になっていますが、冷静な目でよく見つめることが「正見」です。②「正思」というのは、「正しい思慮分別」ということです。先入観とか打算や損得勘定とかをはなれて、よくよく考えることです。得心の行くまで考え、判断してから言動をとることです。③「正語」とは「誠実な美しいことば」です。ことばには誠実さがなければなりません。自分の言ったことばには責任をもつ一方で、自分のことばで相手を傷つけないように細心の気配りをしてことばをしゃべります。大昔の日本人は、日本のことを「言霊のさきはう《わ》国」と言いました。ことばに呪力や生命があって、人を幸福にしてくれるのだと考えていました。「幸せになってください」と呼びかけるそのことばに生命力があるから、相手に幸福をもたらすと信じられていました。私はそれが本当だと思います。確かにことばには不思議な呪力があります。「あなたは立派な偉い人だ」と周囲からいつもいわれていたら、いつとはなしに立派で偉い人になってしまいます。「犬畜生にも劣る奴じゃ。とっとと消え去れ」と近くの人びとからいつもいわれていると、卑しい不道徳な人に堕ちていきます。私も学校で称賛しつづけていた子が私には手が届かないほど立派な人間になったのを何回も経験しています。

④「正業」とは正しい行為です。「身口意の三業」ということばがあって、身体でする行為、口でする行為、こころに思う行為という三行為が人間にありますが、これを「業」と言います。こころに思っただけなら実際に行動したわけではないので、行為とは呼べないと見なす人もいます。けれど、こころで「アホな奴じゃ」と見下していれば、こちらの思いは先方に届きますし、ことばも態度も冷ややかなものになってしまいます。ですから「意」も行為のひとつなのです。正業とは、こころに思うことも、口にすることも、身体でする行為もすべて慎むことを言うのです。

⑤「正命」とはバランスのとれた生活のことです。ここで言う「命」は「生活」のことで、正命とは精神的にも物質的にも調和のとれた毎日の生活のことを指しています。

夫は金儲けにだけに関心を持ち、金儲けの本ばかり読み、息子をいい会社に入れる大学に入れ、ゴルフばかりに興じ、妻は美容だけを生きがいにし、財テクに血道をあげている夫婦では、バランスがとれていません。物質や金銭を軽んじ、精神主義的な本ばかり読み、粗衣粗食だけを追い求めているのもバランスがとれていません。精神的なもの、物質的なもの、霊的なもの、俗的なものを調和させた生活が「正命」なのです。

⑥「正念」とは、正しい理想や信念を持つことを指します。人というものは正しい理想と正しい

信念を持って生きていなければならないのです。

理想や信念を持っていない人は生きているとはいえない。断酒会には稀に東大を卒業していていたり、大学教授や医師である人が入会してきますが、そういうエリートは判で押したように酒がやめられないのです。長年、追い求めるものがない生活を送ってきたから、つまり正しい理想や信念を持たずに生きてきたから酒をやめられないのです。

若いころから「人間とは何か」「人間はどう生きればいいのか」と問うことをせずにエリートであることを鼻にかけて生きてきたから酒をやめていくことができないのです。理想や信念、これは「生きる情熱」と言っていいでしょう。苦しみに満ちたこの世に「生きる情熱」をぶつけている人間は、どんな困難があってもそれを乗り越えて、立派に正しく生きていくことができると思います。

⑦「正精進」は、どんなことでも努力に努力を重ねてやり抜くということです。

⑧「正定」とは、仏前に座り経典を読経して到達するこころの安定を指します。朝夕座し、手を合わせて礼拝し、経を誦むことをつづけていけば「正定」という境地が生まれてくるといわれています。

会長になったからには前進したい

私は苦しかった大学院時代、そのはるかまえの断酒会入会のころから、少しずつこころに関心をむけ、こころに傾斜するようになりました。

断酒が軌道に乗ってきたころ、私はこころに思い描いたことがことごとく実現していることに気がつきました。大学進学、世界漫遊、学校教師、断酒…この稿に公開することの憚れる卑小なこともふくめ、強く思ったことは実現し、思わなかったことは実現していないのです。

八正道もこころを美しく高めていけと教えつつ思っていることは実現すると説いています。「正語」では誠実な美しいことばが自分にも他者にも必要なものであることを訴え、「身口意の三業」においてこころに思うことが行為することであるとしています。つまり、こころに思い描くことが強力な行動なのです。人生はこころに思い描いた通りになるのです。

思い描き方には注意が要ります。人や世間に対して幸いあれと思うものでなければ、自分が幸福になれない。よいこころをもって、人に対してよい思いを描いていれば自分の人生がよくなってきます。逆に、こころの中で人を憎んだり呪ったり、嫉妬したり、また、自分だけが人を出しぬいて富と名声を得ようとすると、その人の生活が乱れてきます。四面楚歌という状況は、苦境にもがいて悪い思いをぶつけるから生まれるのです。私たちには、日常的に人びとに対して、「幸いあれかし」という誠実で美しいこころを持っていることが欠かせないのです。

私が大学院を出てから酒害の勉強をしていると断酒会に異変が生じました。

ある年の三月末に会長が次期会長未定のまま退任してしまったのです。本来は四月から新会長の下で新事業年度に入るのですが、私の断酒会では四月に会長が不在のまま定期総会を終えました。五月になっても新会長が決まらず早々と退任した前会長が「あまりに身勝手だ」と批判されました。

他の断酒会の人びとが、私たちの断酒会にむけて、「どうなっているのか」、「だれかいないのか」

と心配してくれています。

二か月間に八人の会員が退会していきました。もっと増えそうな気配です。私が何十年ぶりかで支部長になり、五月の役員会に出ました。するとみんなが口々に私に会長になるように迫るのです。副会長やら事務局長やら支部長やらが長広舌をふるって私に決起を迫るのですが、私は断りました。

そうこうしていると臨時役員会が開かれましたが、案件は会長の選任です。冒頭、ある支部長が私に役を引き受けてくれと涙を流して懇願したのですが、私は手を振って辞退しました。

そのあと、だれも何もいわず目を閉じていましたが、一時間ほど経ったとき、私は「引受けます」と言いました。

私が引き受けたことには幾つかの理由があります。ひとつは私が酒をやめられてきたのは断酒会のお蔭ですが、その断酒会が糸の切れた凧のように空中分解する光景を私は見たくないのです。滅ぶのであれば、私の知らないところで消えてほしいのですが、そういうわけにもいかず、見ている以上、座視できないのです。ふたつ目は会員数が減少しているからです。

三つ目には新入会者が定着できる断酒会にもっていきたいと思うようになりました。この一〇年間に約八〇人が入会しているのですが、断酒四年を越えたのは五名だけ。断酒継続年数をチャートで示せば逆三角形になっているのです。

近年、会員の高齢化が進んでいますが、高齢者にとって夜の例会は、足元がおぼつかないといわれています。主婦層にとっても夕時以降はいそがしく、夜の例会は敬遠したいようです。また、仕事を退職して昼間家にいる会員・家族が多い。こういうことから私は昼例会の実施に踏み切りたいと思うようになりました。

根気よく例会まわりをする

私が役に就くと大勢の人たちが喜んでくれました。みんな会長の不在を心配してくれていたのでしょう。私は毎日のように断酒会活動をしているのですが、断酒会にただよう停滞感を払いのけるには特効薬などなく、根気よく例会まわりをすることだけです。夜、例会場から電車を乗り継ぎ、車を運転して山の上の我が家に帰ると遅い時刻になり、食事と入浴をすますと日付けが変わります。断酒会をよくしたい一心から毎週すべての支部例会に出席しましたが、こころの中では「一人はみんなのために、みんなは一人のために」と念じていました。いつも新入会者に声をかけ、スリップしたり不調気味の人にハガキや手紙を送りました。電話をかけてつらさに共感を示すことも多かった。ハガキや手紙は退会していって今も生きている人びとにも投函したのですが、積みあげれば四年間で優に二メートルは越えていたでしょう。

定期総会に新方針を提出しました。すなわち、議案書に①新人例会の実施、②昼例会の開催を盛り込み、当日の採決では賛成が多数でした。

昼例会の開催は、主として家族から「オオオッ！」と歓声と拍手をもって迎えられました。そこへ京都や神戸方面からも朋友が来てくれ、例会場は立錐の余地がないほどにぎわいます。毎回、パイプ椅子を倉庫から搬入して補助席を設けます。

入会三年未満を「新人」と定義し、さらに新人例会の目標を三項目設定します。つまり、①長期にわたる断酒を可能にする条件をみんなで学びとり、②相互理解と友情を育てあげ、③『指針と規範』の読み合せを通して、断酒会運営のルールを修得する、というものです。事務局長が、「なんか頼りない、自信な気なやつばっかしや」

例会が終って新人たちの帰っていく後ろ姿をみながら、初回の感想を漏らします。この先やめていけるのかどうか不安なのでしょう。八〇人に五名だけという現実が重くのしかかっているのでしょう。

私は四年後に会長をやめ、さらに数年が経っていますが、新人例会に出ていた人はほとんどが断酒を継続しながら在籍しています。他方、新人例会に参加してくれるようにという私の願いを聞き入れてくれなかった人びとは退会していきました。

昼例会も参加している人びとには喜ばれています。前会長から引き継いだときよりも会員数を増やすことでも成功を収めました。

平成二五年三月、私は断酒歴三〇年の表彰を受けました。表彰状には、「あなたは幾多の困難を克服した」「会の発展・充実に多大の貢献をされた」というような文言が並んでいます。昭和五八年二月の大雪の朝、完全なアルコール依存症だといわれてから一滴も飲まずに来たのですが、生きるためには当然のことをしてきたまでです。

とうとう基本法が制定された

私は活字が好きで人生の大切なことは活字を通して学んできたようです。活字文化が優秀だというわけではありません。話し言葉で多くを知り、身に着け、学んでいくことができます。テレビ・映画などからも人生を豊かにすることができます。しかし、たまたま私は活字が好きで本に目が無いのです。博士課程を修了してからも本を上梓しました。『仲間とともに治すアルコール依存症―断酒会活動とはなにか』と『酒の悩みのない社会へ』です。前著ではアルコール依存症者にとっての当事者性を強調しましたが、それは専門家主義の影響がたいへん強くなっている弊害を知っていただくために書いたのです。依存症でも障害者でもない専門家が「アルコール依存症」を定義し、初期・中期・後期に区分し、健常者に近づけるような治療方針を立てているのですが、私たちアルコール依存症者はそういうパターナリズム（父親的統制主義）への対抗をはっきりさせる必要があります。

『酒の悩みのない社会へ』では三分の一ほどを使って、アル中というようなことばで非難を受けている人たちが医療にたどりつくまでの過程を書き、あとの三分の一ほどでアルコールがらみの問題の多さ、危険度を詳述してから、アルコール基本法によるアルコール問題の削減を書きました。

平成二五年一二月にアルコール健康障害対策基本法が国会で制定されました。この法律は法律の力を駆使してアルコール依存症を減らそうというもので、教育の振興、健康診断、アルコール医療充実、社会復帰促進、人材確保などに取組むと謳っています。

アルコール消費量を減らすというふうには明言していませんし、消費量を減らすことに効果がある小売や広告の規制や酒価の値上げも打ち出していません。しかし、私はこのアルコール健康障害対策基本法も社会的には有用だと思います。なぜなら、教育の場でアルコール依存症や自助グループを教えることや、アルコール依存症治療に乗りだす若手医師やソーシャルワーカーなどの人材養成も必要ですし、断酒してからの社会復帰の支援や健康診断、保健指導の充実も急を要する課題であるからです。

私の今までの人生で遭遇したもっとも大きな困難は、断酒の継続と困難校勤務でした。こういう難事業にひとりで立ち向かっていたのなら死に果てていたことでしょう。

支えあい、励ましあい、力になりあう関係が整備されていたから、私が生きのびることができたのです。困難な環境にあるときも目標にむかって「今日一日だけ」という気になって努力を積みかさねていけば、思いはかならず実現するのです。

現状は、悪くてずるくて抜け目のないやつが栄えるとする社会風潮ですが、私は役場の吏員のようにマジメで少年のように熱いものをもっていて、こつこつと努力をしていく、勤勉で篤実な人間が幸福になっていくと信じています。せっかくこの世に生を享けたのだから、自分ひとりの繁栄を志向せず、常にめぐまれない人びとを念頭に置いて自分の仕事、あるいはライフワークに精進していくことが自らの人格をみがくことになるのです。

参考文献

吾妻ひでお『アル中病棟』イースト・プレス、２０１３年
紀野一義『いのちの風光』筑摩書房、１９６７年
玄侑宗久『般若心経』筑摩書房、２００６年
重盛憲司・小宮山徳太郎　アルコール健康医学協会『お酒と健康』
多賀たかこ『はいすくーる落書』朝日新聞社、１９８６年
米田栄之『酒をやめたい人のために』星和書店、１９９２年

〈著者紹介〉**中本 新一**（なかもと　しんいち）

1945年生まれ。博士（政策科学）（同志社大学）
同志社大学を卒業後、高校に勤務。1983年2月に専門医（廣田豊博士）から、「完全なアルコール依存症」と診断され、同年3月から断酒会活動に就く。34年間の高校勤務をへて、2009年3月、日本のアルコール問題を大幅に減らす研究で同志社大学大学院博士課程を修了して、博士号を取得した。2013年3月、断酒歴30年を表彰され、同年8月には公衆衛生事業功労賞を奈良県知事より授与された。

［著書］
『勇者が拳を固めるとき』（成文堂、1974年）
『五組新聞奮戦記　ダメ高校生・聖子が描いた華麗な軌跡』（神保出版会、1992年）
『ザ・教育困難校』（三一書房、1995年）
『酒はやめられる』（三一書房、1999年）
『アルコール依存社会―アダルトチルドレン論を超えて』（朱鷺書房、2004年）
『脱アルコール依存社会をめざして　日本のアルコール政策への提言』（明石書店、2009年）
『仲間とともに治すアルコール依存症　断酒会活動とはなにか』（明石書店、2011年）
『酒の悩みのない社会へ　アルコール依存症をなくすためにわたしたちができること』（阿吽社、2013年）

SQ選書03
今日一日だけ　アル中教師の挑戦

2015年9月10日　初版第1刷発行
著　者　中本新一
装　釘　中野多恵子
発行人　松田健二
発行所　（株）社会評論社
東京都文京区本郷2-3-10　TEL 03（3814）3861
印刷・製本所　倉敷印刷（株）